本书出版得到西安美术学院学科建设项目专项资金资助

# 《邠州石室录》补遗

陈磊 著

文物出版社

图书在版编目（CIP）数据

《邠州石室录》补遗 / 陈磊著. -- 北京 : 文物出
版社, 2024.5
  ISBN 978-7-5010-8136-3

  Ⅰ. ①邠… Ⅱ. ①陈… Ⅲ. ①石刻－彬州－古代－图
录 Ⅳ. ①K877.402

  中国国家版本馆CIP数据核字(2023)第132876号

# 《邠州石室录》补遗

著　　者　陈　磊
责任编辑　陈　峰
责任印制　张　丽

出版发行　　文物出版社
社　　址　　北京市东城区东直门内北小街2号楼
邮　　编　　100007
网　　址　　http://www.wenwu.com
经　　销　　新华书店
印　　刷　　陕西海丰印刷有限公司
开　　本　　889mm×1194mm　1/16
印　　张　　15
版　　次　　2024年5月第1版
印　　次　　2024年5月第1次印刷
书　　号　　ISBN 978-7-5010-8136-3
定　　价　　298.00元

# 目 录

绪言

## 卷一 题刻

### 一 唐

（一）大佛洞贞观二年题记 / 3

（二）武太一题记 / 5

（三）天宝□绍□题名 / 9

（四）刘敬芝造像记 / 10

（五）王楚广造像记 / 12

（六）大历残题 / 14

### 二 宋

（一）天禧元年残题 / 16

（二）庆历残题 / 17

（三）汪辅之等题名 / 18

（四）宋仲宏父游庆寿寺诗 / 22

（五）史舜封题名 / 25

### 三 金

（一）蒋彬等同游题名 / 28

（二）兴定二年残题 / 29

## 四 元

（一）刘辉、张铎题名 / 31

（二）至元五年残题 / 33

（三）刘廷章题名 / 34

（四）孟文□装像题记 / 35

（五）隆鹏翼装像题记 / 36

## 五 明

（一）建文二年残题 / 38

（二）王竑题记 / 39

（三）韦铸题记 / 40

（四）张鹏等题名 / 41

（五）侯英题名 / 42

（六）项忠题记 / 43

（七）成化七年残题 / 44

（八）何钧、汤鼐题名 / 45

（九）高庆等题名 / 47

（一〇）李勇等题名 / 48

（一一）吴鋐同游题名 / 50

（一二）成化残题名 / 52

（一三）康永题记 / 53

（一四）魏尚仁等题名 / 55

（一五）陈瑛题记 / 56

（一六）丁政装像题记 / 58

（一七）弘治十四年残题 / 59

（一八）刘谨题名 / 60

（一九）正德元年残题 / 61

（二〇）赵雄题名 / 62

（二一）豆氏父子题名 / 63

（二二）朱应登题记 / 64

（二三）朱应登题名 / 65

（二四）赵钺题名 / 66

（二五）正德七年残题 / 67

（二六）正德八年残题 / 68

（二七）窦羹、严守中题名 / 69

（二八）苍谷子题名 / 70

（二九）桑溥题名 / 71

（三〇）王尚絅、桑溥题名（一） / 72

（三一）王尚絅、桑溥题名（二） / 73

（三二）李铎等题名 / 74

（三三）王万良题名 / 75

（三四）顾铎题名 / 76

（三五）高尚志等题名 / 77

（三六）严缙、曹宗道题名 / 78

（三七）杜怀等题记 / 79

（三八）李节题名 / 80

（三九）豫轩子题名 / 81

（四〇）孙塘题名（附小字题名）/ 82

（四一）王陞题记 / 83

（四二）李延康题名 / 84

（四三）薛凤题名 / 85

（四四）鹤松金第题名 / 86

（四五）马汝骥题记 / 87

（四六）廖文亨题记 / 88

（四七）王本固、赵文耀题名 / 89

（四八）刘昇题记 / 91

（四九）张栋题记（附刘昇题记）/ 92

（五〇）万历二十年残题 / 94

（五一）天启三年残题名 / 95

（五二）李国柱题记 / 96

（五三）范文光题记 / 98

（五四）范文光题名 / 100

（五五）王鸿业题名 / 101

（五六）常山装像题记 / 102

（五七）傅镇装像题记 / 103

（五八）道渊题记 / 104

**六 清**

（一）陈奕禧题记 / 106

（二）汤少元题记 / 107

（三）鄂公生祠题刻 / 108

**七 新中国成立前**

（一）邱刚题记（一）/ 110

（二）邱刚题记（二）/ 111

（三）口号题记 / 112

（四）凤仙题记 / 113

**八 不纪年题刻及不纪年残题**

（一）残石像记 / 115

（二）丁巳残题题记 / 116

（三）襄城学正残题 / 117

（四）王教授、郭恕题名 / 118

（五）武俊、武勝题名 / 119

（六）胡永题名 / 120

（七）月日残题（一）/ 121

（八）月日残题（二）/ 122

（九）李院等题名 / 123

（一〇）庄浪知县残题 / 124

（一一）范云□题名 / 125

（一二）平凉残题 / 126

（一三）靳怀题名 / 127

（一四）齐静□题名（一） / 128

（一五）齐静□题名（二） / 129

（一六）李谭题名 / 130

（一七）宁生鲁题名 / 131

（一八）"仰哉"残题 / 132

（一九）杜仁黯题名 / 133

（二〇）冯让题名 / 134

（二一）包锦题记 / 135

（二二）李弼题名 / 136

（二三）其他不可辨数通 / 137

（三）顾应祥题名 / 146

（四）李章《游大佛寺》诗 / 148

（五）吴道直题记 / 149

（六）石榾诗题记 / 151

（七）刘三顾《登大佛石阁》诗 / 153

## 卷二 碑石

### 一 明

（一）曹琏《咏大佛》诗 / 141

（二）蓝蕙题名 / 143

### 二 清

（一）汪赓《登大佛阁》诗题刻 / 155

（二）董天雍诗题刻 / 156

（三）汪道旭跋记 / 157

（四）康熙年佚名诗题刻 / 158

（五）康熙黄明修大佛寺记碑 / 159

（六）本州捐金姓名 / 163

（七）道光《重修大佛寺菩萨殿碑记》题刻 / 169

（八）道光张祥河诗记题刻 / 171

（九）光绪重修大佛寺碑记 / 173

（一〇）吴钦曾题咏及唱和诗题刻 / 178

### 三 新中国成立之后

（一）陕西名胜古迹碑刻 / 181

（二）《修缮大佛寺古建筑物纪念碑》题刻 / 182

（三）陕西省重点文物保护单位题刻（一） / 183

（四）陕西省重点文物保护单位题刻（二） / 184

（五）全国重点文物保护单位题刻（一）／185

（六）全国重点文物保护单位题刻（二）／186

（七）全国重点文物保护单位题刻（三）／187

（八）《大佛寺保护工程记录碑》／188

（九）"关中第一奇观"刻石／191

（一〇）《心经》书刻／192

（一一）世界文化遗产题名石刻／193

（一〇）西域洞天／206

## 二 民国

（一）大法慈悲／208

（二）天下第一／209

（三）永护金身／210

（四）古刹重光／211

# 卷三 匾额

## 一 清

（一）觉路／197

（二）明镜台／198

（三）庆寿寺／199

（四）月地云阶／200

（五）威震华夏／201

（六）灵机感化／202

（七）佛光普照／203

（八）龙象神通／204

（九）云垂西极／205

# 卷四 其他

## 一 墨迹题记

（一）至顺四年（1333）题记／215

（二）宣统元年（1909）题记／216

（三）张丈□题记／217

（四）"化佛"墨迹／218

（五）口号墨迹题记／219

## 二 钟铭

（一）刘永诚钟铭／221

# 后 记

# 绪 言

彬州[1]大佛寺石窟是唐代关中外围最大的石窟，也是目前陕西现存体量最大的石窟。该石窟保留题刻数量众多，保存了陕西省最为密集的石窟石刻史料文献。清代叶昌炽撰有《邠州石室录》，收录今彬州大佛寺石窟题刻一百零三通：唐二十二、宋六十四、金一、元十六。另有为数不少的题刻以及碑石、匾额、墨迹、钟铭等材料并未收录。现以《邠州石室录》体例作《〈邠州石室录〉补遗》，一是对《邠州石室录》所未录题刻的补充，二是对《邠州石室录》所未收其他文字材料的增补。

## 一 《〈邠州石室录〉补遗》内容

因叶昌炽听取缪荃孙不收明刻的建议，《邠州石室录》中只有唐、宋、金、元题刻。《〈邠州石室录〉补遗》在全面调查统计基础上，增补各类材料150通左右，分题刻、碑石、匾额及其他四卷。其中，题刻部分包括唐6通、宋5通、金2通、元6通、明55通、清3通、新中国成立前4通以及残题20余通；碑石部分包括明7石、清10石、新中国成立之后11石；匾额部分包括清10方、民国4方；其他包括墨迹5处，钟铭1则。

《〈邠州石室录〉补遗》的具体内容，不同类别、不同时期又多有不同。

唐人题刻中两通关涉大佛寺的建造历史，两通为具体的造像题记。宋人、金人题刻皆为游记。元人题刻包括游记和装像记两类。明人题刻数量庞大，内容也较为丰富，主要有四类：驻守、巡按、兵备有关的过往官员题记，地方官绅如知州、同知、州判、学正、训导等，本地及外地来礼佛的信士，外来游历过往之人。清人题刻较少。

明人碑石主要是明代过往官员的游历题刻。清人碑石的内容有游览和维修两类，以维修类居多。新中国成立之后的碑石主要出于保护、宣传目的。

匾额的时间相对较晚，皆为康熙四十二年（1703）修建明镜台之后。这些匾额一是赞扬大佛之于佛教修行的功用，二是赞叹大佛的雄伟壮丽。

其他，墨迹部分中古代的部分，是维修大佛时工匠拿毛笔的直接记录。钟铭亦如明代题刻中过往官员巡按的信息记载。

## 二 《〈邠州石室录〉补遗》收录题刻等材料的价值

《〈邠州石室录〉补遗》所收录的题刻等材料的价值是多方面的，既有文物的，也有历史的，还

---

1 按，今彬州位于陕西咸阳，即古豳州，唐改邠州，20世纪60年代改彬县，2018年改彬州。本书根据语境做出调整，不再单独区分。

有艺术的。这些材料数量庞大，超过了《邠州石室录》所收，其跨越的年代从贞观二年（628）这一最早的题刻，到 21 世纪最晚的题刻，跨越了 1400 年。某种意义上来说，《〈邠州石室录〉补遗》在材料价值的角度上、多重性上更较《邠州石室录》有代表性；《〈邠州石室录〉补遗》所收录题刻的价值即基本代表了彬州大佛寺石窟题刻的价值。具体来说：

（一）对彬州大佛寺石窟题刻等材料的整理和研究，是文化遗产保护的重要内容。彬州大佛寺石窟是陕西省最大的石窟，又是陕西省石窟中题刻数量最多的石窟，其题刻数量甚至在全国各大石窟中亦排名较前。题刻作为文化遗产的重要类别，需要专门的调查、整理与研究。

另外，彬州大佛寺石窟所在的清凉山，石质属于砂岩，容易风化。石窟的坍塌、风化在所难免。随着时间的流逝，很多题刻已经模糊不清，有的更已消失不见，仅存在于《邠州石室录》中。有的最近几年破损尤为严重。调查、整理和研究迫在眉睫。

（二）彬州大佛寺石窟题刻等材料具有丰富的历史价值。概括有二：

第一，建构彬州大佛寺石窟历史的重要史料。彬州大佛寺石窟并没有相关寺志、窟志传世，这些题刻、墨迹、匾额、钟铭是仅存的文字资料，对于构建大佛寺石窟的历史是必不可少的。唐代题刻之于石窟营建、造像开凿，元代题刻之于造像装像，清碑石之于石窟造像的维修，皆是今天我们认识石窟造像的直接文献资料，构成了石窟造像的艺术发展史。唐宋元明清的游记题刻，又构成了人们认识石窟造像的"接受史"的材料。这些题刻反映了彬州大佛寺石窟艺术作为劳动产品从生产到消费的过程。

第二，之于断代史、地方史的证史、补史与纠史的价值。在这些文字材料中，涉及大量历史人物。以明代题刻为例，这些历史人物有的于正史有载，但不够丰富；有的普遍出现于《明实录》中，但多零散；有的出现于地方志文献中，事迹不清。还有为数不少于史无征。这些明人题刻，既能增补明史，亦能增补地方史。而大量出现的经略、抚按、兵备信息，又是明代军事边防、职官制度的重要材料。其之于历史的价值，还有待进一步挖掘。

（三）彬州大佛寺石窟题刻等材料的书法艺术价值。这些题刻、碑石、钟铭、匾额虽然与传世名家墨迹相比在丰富性上欠缺，但石刻文字之纪念性价值的体现则是可圈可点的。尤其是那些受到名家书风影响、本身具有较高书法造诣的题刻、匾额，具有独特的艺术价值。武太一题记中的欧体书风、汪辅之题刻中的褚体结体，匾额题字的圆润端庄，都有较高的艺术水平。

### 三 《〈邠州石室录〉补遗》体例

《〈邠州石室录〉补遗》基本沿用《邠州石室录》的体例，而略有变化。

首先，名目部分。题刻名目大致按照造像记、装像记、题记、题名区分。造像记指造像的题刻文字，装像记指装像的题刻文字，题记一般指过往并记述某一事情题刻文字，而题名则指仅有过往游历者官职、姓名、日期而无具体事情的题刻文字。碑石则以纪年、人物加事件命名；匾额直接记匾额主体文字。

其次，概述部分。该部分位于题名之下，小一号字体书写。内容上主要包括位置、分布、章法、保存现状、书风等情况。碑石、匾额部分增加尺寸。其中位置、尺寸信息为《邠州石室录》所无。

再次，图版。有拓片的一律用拓片；若拓片不全的，拓片、原石图片并用。个别特殊情况者暂缺图版。

第四，正文内容。按照题刻、文字原有的分布，标注分行，以方便读者参照识读。原文的识读一般不分段。若原文字中因内容或含义而提行，以另起一行处理；另，特别长的大段文字，按照含义层次分段。

第五，考证人名、年代、职官制度、历史地理等信息，个别有书法艺术分析。尽可能对每一题刻中所涉及到的职官制度、历史地理皆以梳理说明；对人物勾勒生平，尤其是其相关联于政治史的勾稽。对没有年代的材料，给以年代的考证或推断。个别艺术价值较高的，分析其书法的源流脉络。

### 结语

《〈邠州石室录〉补遗》所收录的 150 通文字材料，是彬州大佛寺石窟尤其是题刻等材料研究的前提。将每一通题刻、碑石、墨迹、匾额、钟铭一一考辨，能为本课题的深入研究奠定基础，还能为其他相关课题的研究提供史料支持。

卷一

题刻

# 一

# 唐

---

清人叶昌炽《邠州石室录》收录邠州大佛寺（今彬州大佛寺石窟）唐人题刻 22 通，每一通题刻都有基本信息的记录以及对职官制度、历史地理、年代、艺术风格的考证。除此 22 通题刻之外，尚有以下 7 通唐人题刻未收。合计唐人题刻共有 29 通。这些题刻大多有明确纪年，或有明确的唐代题刻特征。以叶昌炽《邠州石室录》的体例作这些唐人题刻的补遗工作，不仅可以补《邠州石室录》之不足，亦可为相关课题的研究提供基础史料。

---

# （一）大佛洞贞观二年题记

位于大佛洞大佛背光左肩处。一行，十三字。前六字大字；大字下月日双行小字，并为一行。真书。

大唐贞观二年（628）/ 十一月十 / 三日造。/

此题刻为彬州大佛的开凿提供了时间判断的依据。至今，绝大多数学者仍将其认定为大佛开凿的时间，出现在诸多非彬州大佛专题研究的通史著述中。

与之不同的观点以 20 世纪 90 年代初曹剑先生和李淞先生的讨论最具代表性。曹剑先生认为其伪，伪造于嘉靖十七年（1538）之后、《邠州志》（1546—1549）成书之前[1]；李淞先生认为其真，为大佛开凿完工之日[2]。

略述其观点，如下：

曹剑先生认为其伪的原因：第一，《邠州志》中《过大佛寺偶题》中"数丈金身捧玉莲，不知营建是何年"、《过大佛寺》中"移来不及考，趺坐护清黎"二诗[3]，其作者为嘉靖十七年（1538）以前曾经来过大佛寺的两位大员，二人不至于因看不清题记、无随行地方官员告知大佛寺兴建时间而发出不知开凿年代的疑问；第二，史书无记载；第三，现存于大佛像两侧石室中唐、宋、元以来的游人题刻中都未提及此十三字的标识；第四，这样庞大的工程确定在某年某月某日造有悖事理；第五，书

图 1-1-1 大佛洞开凿时间题记

法角度判断非唐宋人用笔。曹剑判断此题刻为两位大员离开之后、《邠州志》成书之前的伪刻。当然，他也推测虽然字为伪刻但大佛的兴建年代在唐武德元年（618）至咸亨二年（671）之间，以浅水原大

---

1　曹剑《公刘豳国考》"大佛寺考"，西安：三秦出版社，1993 年版，第 49 页。

2　李淞《唐太宗建七寺之诏与彬县大佛寺石窟的开凿》，收录于李淞著《长安艺术与宗教文明》，北京：中华书局，2002 年版，第 40 页。该文原载于《艺术学》，1994 年第 12 期，台北：艺术家出版社。

3　明·姚本校、阎奉恩撰《邠州志》卷四"题咏"，康熙年间刻本，据清顺治六年（1649）刻版〔嘉靖时始撰，前有万历己亥（1599）序〕增刻，叶三十，叶三十二。

战以后的武德二年（619）最为可能[4]。

稍后，李淞先生发表专文重新考证彬州大佛的开凿年代，首先即回应曹剑先生对纪年题记是明人伪造的质疑：一、与魏晋南北朝隋唐的碑刻比，这几个字符合时代特征；二、题记所在的平面为预留的，与背光不存在打破关系；三、有两处题刻提到了与贞观年的关系，故该题记纪年具有可参考意义。文中还通过唐太宗七寺之诏、浅水原之战、李密驰书等认为彬州大佛开凿的起始时间为浅水原大战开始的武德元年至"七诏"诏发之日的贞观二年（628）十一月十三日[5]。笔者亦曾撰文认为该题刻为真，题刻中的时间，是大佛开凿完成的时间。但与李淞先生认为大佛开凿于唐武德元年（618）的观点不同，笔者以为其开凿时间当为隋代。这是另外一个问题，此处暂不赘述[6]。对于曹剑先生与李淞先生对于该题刻的讨论，笔者以为还可以有以下补充及概括说明：

第一，由于彬州大佛的开凿时间并无准确的文献记载，所以判断题刻的真伪只能通过其环境、风格。鉴定真伪过程中往往"辨伪易，认真难"，对于该题刻，我们虽无法找出完全十足的证据认定其真，但基本可以确定其非伪。题刻所在位置为预留平面，与周围飞天、纹样等不存在时间上的打破关系，基本确保了该题刻与大佛大致同时的真实性。另外，书写风格亦并不违背于当时的不同书风，北朝是书法大变革的时代，尤其各种石刻材料极为丰富，隋及唐初继承早期隶楷石刻特点，而尚未形成典型唐楷之尚法度亦在情理之中，可间接佐证题刻的非伪。

第二，曹剑先生所提及的《邠州志》中两位明代官员发出"不知营建是何年"的疑问，笔者以为两位大员的感慨可能有两点原因：一、当年的大佛洞北壁保存尚好无破损，且无今天的灯光与顶棚天光，洞内光线暗淡；题刻所处位置较高，且经过了数百年的尘积或许确实看不清楚；而经过嘉靖二十三年（1544）重修与清扫，《邠州志》关于大佛的开凿时间的叙述就有据可循了。二、此疑问或许并非真的出于质疑大佛营建于何年，而是感慨如此庞大的工程恐怕开凿很早，却不知道具体开始开凿的时间。当然，或许也带有对纪年题记真实性的怀疑，认为此纪年可能仅是完工的时间，却不是开凿的时间。

总之，基本可以确定该题刻纪年的准确性，这为我们认识大佛的开凿提供了相对可靠的依据。只是该题刻中时间具体到月日，不知是否确有更深层次的含义，有待新的历史材料的梳理和进一步的研究。

4　曹剑《公刘豳国考》"大佛寺考"，西安：三秦出版社，1993 年版，第 45-60 页。
5　李淞《唐太宗建七寺之诏与彬县大佛寺石窟的开凿》，收录于李淞著《长安艺术与宗教文明》，北京：中华书局，2002 年版，第 27-36 页。该文原载于《艺术学》，1994 年第 12 期，台北：艺术家出版社。
6　详见陈磊《彬县大佛寺石窟再研究》，西安美术学院 2018 届博士学位论文，第 30-32 页。

## （二）武太一题记

　　位于千佛洞中心柱正壁（北壁）右中。现存十二行，前四行保存较多，行二十八字；后数行字数较少，九字至十余字不等，为造像砖龛打破。真书。

……□铭一首并序　豳州长史武太一撰 /
……豳州，三百里内畿服，五等诸侯茅土。周秦霸王之原，皇唐经纶之野。城□……/……犹存。寺观园林，依依相属；因山就水，负郭凭川；形胜往来，萦纡左右。长史□……/……房□（宣），□（忝）官州县佐，感暮□自夏涉秋，密云不雨。虑田畴之不辟，思稼稻之□……/……年八月廿日，遂因休假巡历□□□□□□□□得应□（福）□（寺）……/……武圣皇帝平薛举时所置也。……/……十□金色，含星毫光，并日千……/……涅盘无，体色相空，觉路难……/……酬答，常思报效，乃于兹……/……崇山万仞，斯□叹□（哀）。上……/……□宝树，风□霜□，长河……/……□□州屋□封，缘随造化，业遂□□……

　　该题刻的发现、著录较晚，叶昌炽的《邠州石室录》及其他相关著述中皆无收录。最早发现该题刻的是李淞先生，他在论文《唐太宗建七寺之诏与彬县大佛寺石窟的开凿》中抄录了该则题刻并以之重新阐释大佛的开凿问题。在该论文中，李淞先生根据"武圣皇帝平薛举时所置"判断该石窟开凿于唐朝开国的武德元年（618），完成于大佛主尊背光题刻的贞观二年（628），原因是纪念平薛举十周年、对先前给高僧明瞻承诺的一个交代[1]。该则题刻的发现，成为人们重新认识大佛开凿时间的重要依据。该则题刻的发现与对大佛开凿时间的推断，为其他学者所认可并引用，如温策先生的论文[2]。

　　与李淞先生所识别的文字不同，笔者曾认为最后一竖行的第四个字为"乾"字，与第五个字组成"乾封"。"乾"字左半部分完全损坏，似笔画的斜线或为划痕。早期及唐代"乾"字多此种写法，如龙门石窟魏灵藏造像记、彬州大佛寺石窟千佛洞中心柱西壁的唐代冯秀玉造像题刻[3]。如此识读，最后一行的意思：某州的某人在乾封年间（666—668）顺应造化建造此像。与推测的主龛造像风格的年代一致[4]。

　　关于"封"字之前是否是"乾"字或值得进一步识读。先前李淞先生根据该则题刻的字体、用"豳"而不用"邠"字、"（文）武圣皇帝"等信息推断题刻时间为上元元年（674）至开元十三年（725）

1　李淞《唐太宗建七寺之诏与彬县大佛寺石窟的开凿》，收录于李淞《长安艺术与宗教文明》，北京：中华书局，2002 年版，第 32-42 页。该文最早发表于《艺术学》，1994 年第 12 期，台北：台北艺术家出版社。

2　温策《找寻大佛寺的史迹——大佛寺石窟群次要窟室中的题记与造像》，收录于李忠堂主编《彬县大佛寺石窟研究与保护》，西安：三秦出版社，2010 年版，第 28 页。

3　北魏时期"乾"字写法见邱振中、陈政主编《龙门二十品（上）》，南昌：江西美术出版社，2014 年版，第 38 页；唐乾元元年（758）冯秀玉造像题刻亦见于清·叶昌炽撰《邠州石室录》卷一"唐"，民国四年（1915）吴兴刘氏嘉业堂刻本，叶三十七。

4　陈磊《彬县大佛寺石窟再研究》，西安美术学院 2018 届博士学位论文，第 77-79 页。

图 1-1-2 武太一题记及拓片

之间[5]。笔者推测该题刻的时间或为上元元年（674）八月，该年为武则天当皇后的第二十年，又是太宗李世民被请奉为文武圣皇帝的时间。或因二者为同一年，武氏家族的官员来此造像并留下了题刻，以作纪念。由于此造像与武则天有关，且武则天从当皇后到称帝前后延续约计50年时间，中心柱正壁主龛的左右多年未有造像，直到明朝才有二龛开凿于左右两侧[6]。

细读题刻，还发现其中有"房亶"二字，与另一则题刻"幽州司马房亶敬造"中的供奉者为同一人；对于"幽州司马房亶敬造"题刻，叶昌炽亦言："幽"字未改为"邠"，为开元（713—741）前所造；书法遒丽，亦有初唐风格[7]。如果先前所判断的"武太一题记"的时间上元元年（674）八月准确的话，那么"房亶造像"题刻的时间也与之相近；可据此重新认识这一唐人题刻。

叶昌炽言"房亶造像"书法遒丽为初唐风格，并未详细阐述。可以结合"房亶造像"题刻与该题刻来分析，因该题刻的文字数量庞大，且风格更具有初唐的特征，明确地说带有初唐欧阳询（557—641）书体的鲜明风格。以今陕西麟游欧阳询贞观六年（632）的《九成宫醴泉铭》中的单字与之对照（表一），可发现两者有明显的相似之处。

通过对比，虽然"武太一题记"的刻字已多有残缺，具体的点画上没有欧阳询书法的精致，但大致还是可以很清楚地看出"武太一题记"明显带有欧阳询书法的影子，瘦硬而温润，尤其竖画中宫靠拢的特点更应是对欧阳询楷书风格的学习。以先前所判断的"武太一题记"的时间为上元元年（674），那么该题刻上距《九成宫醴泉铭》四十余年，大佛寺石窟距离九成宫仅70公里左右，以欧阳询《九成宫醴泉铭》为学习的典范进行书写是极有可能的，也是很正常的。

二则题刻中所提到的武太一、房亶二人，史籍文献无征。关于房亶，叶昌炽题跋中列有清河房氏、河南房氏。清河房氏，唐初房玄龄（579—648）祖之；河南房氏，武周时期宰相房融（？—705）祖之[8]。笔者据先前考证题刻时间进一步推测，房亶当为房玄龄之从子辈，而无政绩，故正史不列；武太一为武周族子，亦非嫡系，无殊功，故不列于正史。幽州为上州，上州长史从四品下[9]；参照其他题刻，可知其于诸文职事官中等级为最高，高于行幽州司马李齐，而仅低于"刘敬芝造像"中三品武职的左羽林军大将军。高宗显庆（656—661）末年头晕目眩，无力政事；上元元年（674）朝廷下诏尊皇帝为天皇、皇后为天后，政权由高宗向武则天手中转移的趋势逐步形成[10]。幽州职事官中等级最高的为武氏族子也就不稀奇了。但武太一于史籍无征，不排除因其"兴也武周、废也武周"。

本文考证当成立，因"房亶造像""武太一题记"为高宗时期最重要的造像题刻，位置既佳，

5  李凇《唐太宗建七寺之诏与彬县大佛寺石窟的开凿》，收录于李凇著《长安艺术与宗教文明》，北京：中华书局，2002年版，第32-33页。该文最早发表于《艺术学》，1994年第12期，台北：台北艺术家出版社。

6  陈磊《彬县大佛寺石窟再研究》，西安美术学院2018届博士学位论文，第77-79页。

7  见清·叶昌炽撰《邠州石室录》卷一"唐·房亶造像"，民国四年（1915）吴兴刘氏嘉业堂刻本，叶四十一。

8  清·叶昌炽撰《邠州石室录》卷一"唐·房亶造像"，民国四年（1915）吴兴刘氏嘉业堂刻本，叶四十一。

9  《旧唐书·职官志》载上州长史为从四品下。见后晋·刘昫等撰《旧唐书》（第6册）卷四十二"志第二十二 职官一"，北京：中华书局，1975年版，第1794页。

10  后晋·刘昫等撰《旧唐书》（第1册）卷五"本纪第五 高宗下"、卷六"本纪第六 则天皇后"，北京：中华书局，1975年版，第99页、115页。

表一 《武太一题记》与《九成宫醴泉铭》单字对比

| 武太一题记 | 九成宫醴泉铭 | 武太一题记 | 九成宫醴泉铭 | 武太一题记 | 九成宫醴泉铭 |
|---|---|---|---|---|---|
| 右 | 右 | 於 | 於 | 胜 | 胜 |
| 周 | 周 | 往 | 往 | 未 | 来 |
| 州 | 州 | 城 | 城 | 際 | 荣 |
| 武 | 武 | 秦 | 臻 | 虧 | 萬 |

字数又多。又或这一重原因，"武太一题记"遭破坏，与大型石窟中题刻湮灭无存的原因一样[11]。在古人心中，造像的重要性远胜于题刻，相较于诸如云冈石窟等大型石窟并未有题刻保存，"武太一题记"能够部分保存已经是不幸中的万幸了。

---

11 李淞《论唐代阿弥陀造像的否定问题》，收录于李淞著《长安艺术与宗教文明》，北京：中华书局，2002 年版，第 54-55 页。原载《美术研究》（中央美术学院学报），1996 年第 2 期。

## （三）天宝□绍□题名

位于千佛洞窟室西壁北侧下部。一行直下，十七字。楷书。

大唐天宝十一年（752）十月廿九日□绍□（勋）到此 /

□绍□（勋）于唐玄宗天宝十一年（752）十月廿九日游大佛者。题名者姓名不全，待考。

图 1-1-3 天宝□绍□题名

## （四）刘敬芝造像记

位于千佛洞西门柱南壁下方偏左。三行，每行十九、二十字不等。真书，右行。

冠军大将军、行左羽林军大将军、上柱国刘敬芝，／男仙玉左武卫执戟，为合家平善，敬造救苦观
□（世）□（音）□（菩）／萨像一区，宝应元年（762）十一月十八日造□□□／

该则题刻并未收录于叶昌炽《邠州石室录》中，或是当年大佛寺住持天缘僧落下而未拓，或是叶
昌炽误漏而未选。该题刻是千佛洞中十余则纪年题刻之一。宝应元年（762）为唐代宗四个年号中的
第一个年号，此时正值安史之乱（755—763）爆发，代宗皇帝初即位。

《旧唐书·职官志》载：武德七年（624）令冠军正三品，贞观八年（634）七月冠军将军加大字，
冠军大将军为正三品武散官；大足元年（701）左右羽林卫各增置将军一员，左羽林军大将军为正第三品；
上柱国为正二品，勋官；左武卫执戟为正九品下[1]。在整个唐代造像题记中，刘敬芝的勋官等级（正二
品）、散官等级（正三品）、职事官等级（正三品）皆为最高。贞观令中职事卑者为行[2]，该处散官冠军
大将军与职事官左羽林军大将军职级相同，皆为正三品，可见此"行"当为"兼"，已非唐贞观令，
或因安史之乱而用词松散有变更；刘敬芝武职官阶高于前后文武散官、职事官，或因参与平叛安史之
乱而有功，抑或为出镇邠州而阻吐蕃蚕食唐王朝领土而有功。

叶昌炽在《邠州石室录》"解礼君式题名"的题跋[3]中谈到："子弟从游，书名之例，两宋为多。
然考华岳庙题名，大历七年（772）前开州刺史崔微一刻下即有'男蕨'二字[4]。大中三年（849）李贻
孙《祈雪》，记小男进士同吉、学究静复从行。"[5]此题刻中"男仙玉左武卫执戟"可补，将子弟从游
之例提前至宝应元年（762），亦为金石学研究之重要材料。

研究统计发现，该时期的菩萨造像数量占比较大[6]，刘敬芝造菩萨像也是当时的流行趋势。该则题
刻处于两尊菩萨造像龛之间，两造像的风格也相似，皆为典型的唐玄宗天宝（742—756）后期造像风
格。但根据造像的体量和题刻位置看，该题刻指向的是下部的中间造像龛，因该造像体量比其左侧的
体量大、题刻也更靠近中间的造像龛。该龛为尖拱形龛，内有一菩萨跣足立于素面仰莲台上，两脚分开，
重心落在左脚；头部损毁，颈饰项圈；上身袒裸，斜披胸巾；丰胸、细腰、鼓腹、扭胯向右；下身着裙，

---

1 后晋·刘昫等撰《旧唐书》（第6册）卷四十二"志第二十二 职官一"，北京：中华书局，1975年版，第1784页、1785页、1792页，1789页、
1791-1792页，1791页，1802页。

2 后晋·刘昫等撰《旧唐书》（第6册）卷四十二"志第二十二 职官一"，北京：中华书局，1975年版，第1785页。

3 清·叶昌炽撰《邠州石室录》卷一"唐·解礼君式题名"，民国四年（1915）吴兴刘氏嘉业堂刻本，叶四十二。

4 清·王昶辑《金石萃编》（第2册）卷七十九"唐三十九 崔微等题名"："前开州刺史崔微 男蕨。"嘉庆十年（1805）经训堂刻本（《石
刻史料新编》影印版），叶十五。

5 清·王昶辑《金石萃编》（第2册）卷八十"唐四十 李贻孙祈雪题记"，嘉庆十年（1805）经训堂刻本（《石刻史料新编》影印版），叶
十五至十六。清·毛凤枝撰《关中金石文字存逸考》卷九"华阴县下"："李贻孙题名又见大中三年（849）十二月《祈雪》及大中五年（851）
七月题名各一通。"光绪辛丑年（1901）刻本，叶九。

6 陈磊《彬县大佛寺石窟再研究》，西安美术学院2018届博士学位论文，第151页。

有裙腰；帔帛分垂体侧；右臂屈上，手中似托物；左臂下垂，左手执帔帛一端[7]。

有明确纪年的题刻和造像，是我们断代千佛洞中造像年代的重要依据。以该则题刻、造像及其他地区的唐代纪年造像为参照，大致可以判断千佛洞中唐代造像年代的下限。还可以此造像为标准器，展开对其他造像年代和风格的考证。

图 1-1-4 刘敬芝造像记及拓片

7 陈磊《彬县大佛寺石窟再研究》，西安美术学院 2018 届博士学位论文，第 94 页。

# （五）王楚广造像记

位于罗汉洞主室与东室所共用门柱南壁而近主室门洞处。三行，每行五到十二字不等。真书。

大历十二年（777）五月一日左□（仆？）射／行官王楚广造文殊师／利菩萨一区。／

　　该则题刻与"刘敬芝造像"一样，未收录于叶昌炽《邠州石室录》中，亦或是当年大佛寺住持天缘僧落下而未拓，或是叶昌炽误漏而未选。该题刻是罗汉洞中唯一一则唐代题刻，对于我们认识罗汉洞的开凿时间有重要价值。

　　大历（766—779）是唐代宗四个年号中的最后一个年号。人佛寺石窟有该则人历年间（766—779）的造像题记、上一则宝应年间（762—763）的造像题记，大致可以判断唐玄宗之后进入了代宗兴佛的阶段。有关代宗年间的造像信息，相关典籍文献亦有记载，如《宋高僧传》载："（大历）四年（769）冬，空奏天下食堂中置文殊菩萨为上座，制许之。"[1] 李淞先生已发现并引用这条史料，并认为这是代宗皇帝支持下全国兴起的造文殊像的热潮[2]。

　　《旧唐书·职官志》载：天宝元年（742）二月左右丞相依旧为仆射，即同尚书左右仆射，从二品[3]。而王楚广为行官，属于临时差遣事务人员，故实际官职并非很高。

　　该造像的龛形已损，内有一菩萨骑狮、一狮奴，为整个大佛寺石窟所少见。根据造像题刻，可知该龛造像为文殊菩萨骑狮。狮子头部残损，大口张开，露出舌头；颈有棕毛，上下铃铛装饰；身体粗壮，尾巴上卷，足有五趾，各踏一圆莲台。狮背上有菩萨坐于束腰仰覆莲台座上，仰覆莲台座中间有一圈球形装饰；坐菩萨头部残损，面部有后世妆泥；上身袒裸，斜披胸巾，下身着裙，有裙腰，腹部鼓出；右腿似垂下，左腿横曲置台座上，类舒相坐；双手各抚膝，外着覆肩衣。狮子左侧有一狮奴，头部残损严重，颈有三道；上身袒裸，斜披胸巾，腹部鼓出；右手牵绳，左臂下垂；下身着裙，有裙腰，足踏莲台。另，在该龛的左侧有一圆拱形龛，内有一菩萨，上束高髻，颈有三道；上身袒裸，下身着裙；右手斜向上举，执杨柳枝；左手下垂提净瓶；帔帛飞舞，一端搭于右臂臂弯，一端搭于左臂手腕，垂于体侧；足踏圆莲台；该龛龛形被狮子尾巴处打破；该造像的开凿年代应为大历十二年（777）之前、主室正壁造像之后，或为玄宗开元晚期，甚至到天宝时期；因菩萨样式并不臃肿，而动感减弱。

---

1　《大正藏》第 50 册，No.2061《宋高僧传》。
2　李淞《陕西古代佛教美术》，西安：陕西人民美术出版社，1998 年版，第 90 页。
3　后晋·刘昫等撰《旧唐书》（第 6 册）卷四十二"志第二十二 职官一"，北京：中华书局，1975 年版，第 1790 页、1791 页。

图 1-1-5 王楚广造像记及拓片

## （六）大历残题

位于千佛洞中心柱西壁南侧中间。三行，似被下造像龛破坏，字迹已风化严重。楷书。

大历……/ 守方……/ 御……

大历（766—779）为唐代宗李豫的年号，共计十四年。此当为守将过往所题，题刻结体亦粗疏。

图 1-1-6 大历残题

# 宋

清人叶昌炽《邠州石室录》收录邠州大佛寺（今彬州大佛寺石窟）题刻，尤以宋代题刻数量为最，每一通题刻都有基本信息的记录以及对职官制度、历史地理、年代、艺术风格的考证。宋代题刻基本皆已收录于叶昌炽所撰《邠州石室录》中，且宋代题刻在该书中占据了三分之二的比重。就遗留五通题刻来看，或是残题，或是无年月，或是高处不易得。以叶昌炽《邠州石室录》的体例作这些宋人题刻的补遗工作，不仅可以补《邠州石室录》之不足，亦可为相关课题的研究提供基础史料。五通题刻及其考证如下。

# （一）天禧元年残题

位于千佛洞窟室西壁南侧上部，残存九字。

天禧元年（1017）三月十二日□□□□……/

天禧（1017—1021）为宋真宗年号。该题刻残损严重，信息不明。

图 1-2-1 天禧元年残题

## （二）庆历残题

位于千佛洞窟室南壁西侧上部。

……庆历 /……日题 /

庆历（1041—1048）为北宋仁宗赵祯年号。今大部分都已风化脱落。

图 1-2-2 庆历残题

## （三）汪辅之等题名

位于千佛洞中心柱正壁（北壁）中心大龛下方正中。根据痕迹判断，底原本有字，其字较小，或为唐人造像题刻，磨去后幂刻其上。两行，一行五字，楷书。右行。

汪辅之、魏广 / 丙辰（1076）重五游。/
下另有小一号字：咸宁赵钺

图 1-2-3 汪辅之等题名

该则题刻并未收录于叶昌炽《邠州石室录》中，或是当年大佛寺住持天缘僧落下而未拓，或是叶昌炽误漏而未选。常青《彬县大佛寺造像艺术》也未曾抄录，其他研究成果中亦无该则题刻的身影。该题刻位置显眼，字体清晰，艺术水平亦较高，前辈学者文著中皆未收录，颇令人不解。

### 1. 汪辅之年谱勾稽

汪辅之，正史无传。其他文献有零星记载，多不全面，亦有因句读而导致的误引。现以南宋王明清《挥麈录·后录》中相关文字为基础[1]，综合多种文献记载，勾勒相对完整准确的汪辅之年谱简编：

汪辅之，字正夫[2]，宣州人，少年有俊声。

仁宗皇祐（1049—1054）中觅举开封，以"周以宗强"为赋题，登进士第。

嘉祐四年（1059）八月策制科，时任旌德县尉，已试六论、过阁及殿试亦考入第四等，言者以汪辅之无士行罢之。汪辅之躁忿，因以书诮讥宰相富弼[3]。

神宗熙宁（1068—1077）初，汪辅之居陈留[4]。熙宁中为职方郎中、广南转运使。熙宁八年（1075）七月任职大理寺丞、知司农寺丞；熙宁九年（1076）二月，任淮南西路转运判官（另有言其为三司指挥）[5]。

---

1 标注方式上，南宋王明清撰《挥麈录·后录》内容，后文统一标注。该标注之前所插入其他文献中的文字，出处单独标注。
2 汪辅之字正夫，目前所见以元人文献所载为最早，后为明清人所征引。见元·不著撰人《氏族大全》卷九，叶四十六。景印文渊阁四库全书本，第 952 册，第 296 页（上）。
3 南宋·陈均撰《九朝编年备要》卷十六"仁宗皇帝"，叶八。景印文渊阁四库全书本，第 328 册，第 403 页（下）。南宋·岳珂撰《愧郯录》卷十一"制举科目"，叶七。景印文渊阁四库全书本，第 865 册，第 166 页（下）。南宋·吕中撰《宋大事记讲义》卷十"仁宗皇帝·试制科、行贡举"，叶十。景印文渊阁四库全书本，第 686 册，第 291 页（上）。宋·王应麟撰《玉海》卷一百十六，叶三十。景印文渊阁四库全书本，第 946 册，第 142 页（上）。
4 南宋·吕本中撰《童蒙训》卷上，叶九。景印文渊阁四库全书本，第 698 册，第 520 页（下）。
5 详细情况及注释见后文。

元丰元年（1078），任河北通判，与天章阁待制韩缜、都水监丞刘琀掌汴河疏导[6]。后任大名转运判官，曾密劾潞国公文彦博，遭神宗斥[7]。

元丰二年（1079）二月任提点刑狱[8]，后任守京兆府法曹参军、前充陈州教授。未几遭知陈州王贽罗织百端诬陷[9]，坐累谪官累年。后遇赦复知处州，上谢表；御史知杂蔡确引杜牧诗"清时有味是无能"为证，以汪辅之《谢上表》有"清时有味，白首无能"[10]，谓言涉讥讪而坐降知虔州，以卒。

以上是通过文献勾稽整理的汪辅之年表简编。通过文献记载，可知：

汪辅之颇善文，治平（1064—1067）间有张厚（字处道）从其学，张厚以文艺为忠献公韩琦所欣赏[11]。汪辅之有文集三十卷行于世[12]。朱彝尊编《词综》收录汪辅之词《行香子》一首："晚绿寒红，芳意匆匆。惜年华，今与谁同。碧云零落，数字宾鸿。看渚莲凋，宫扇旧，怨秋风。流波坠叶，佳期何在。想天教、离恨无穷。试将前事，闲倚梧桐。有销魂处，明月夜，锦屏空。"[13]

由此，可以推测汪辅之生于宋仁宗（1022—1063）初年，卒于宋神宗、哲宗前后（1085），享年六十左右。根据文献所载，知汪辅之为性情中人。相关评价多为负面，如"意气自负"（《挥麈录》《石林诗话》等）、"大得意，既出宣言于众，必为解魁"（《挥麈录》）、"为人褊（辩）急"（《闻见录》《宋名臣言行录》等）、"无士行"（《愧郯录》）、"恃才傲物"（《童蒙训》）、"常郁郁不乐，语多议刺"（《石林诗话》）、"密劾公（文彦博）不治事"（《氏族大全》等）。其实，从中我们亦可判断汪辅之才识俱佳，且不惧强权。或也因此，而得人赏识推荐。北宋郑獬有《荐汪辅之状》，言汪辅之"才识兼茂，明于体用""材通学博，该练古今，经术文艺，为世称伏，名迹彰著。近三十年，而刚介廉正，不能趋附，遂致阴纤之徒，憎忌排陷……天下遗材，淹废已久，无复甚于此者"，故而"臣今保举，堪充馆阁校勘及编校书籍、国子监直讲"[14]。此荐举状，反映出汪辅之的人品与才学。其题刻保留至今，理应有对其更全面、深刻的解读。

**2. 题刻中所涉及的其他人名**

魏广，正史亦无传。通过对不同文献零散记载的梳理，可知魏广的大体情况：

魏广，字晋道[15]，汜水（今河南荥阳）人。嘉祐（1056—1063）中任荥阳主簿[16]。善诗文，与欧阳修（1007—1072）等交往颇多。欧阳修有诗"送荥阳魏主簿（广）"一首；又曾言："有魏广者，

6 北宋·司马光撰《涑水记闻》卷十五，叶八。景印文渊阁四库全书本，第 1036 册，第 455 页（上）。
7 北宋·邵伯温撰《闻见录》卷十，叶三。景印文渊阁四库全书本，第 1038 册，第 769 页（上）。元·不著撰人《氏族大全》卷九，叶四十六。景印文渊阁四库全书本，第 952 册，第 296 页（上）。相关记载甚多，如朱熹撰《宋名臣言行录》《宋史》《山西通志》等，此处不再赘举。
8 南宋·李焘撰《续资治通鉴长编》（第 21 册）卷二百九十六"神宗"，北京：中华书局，1986 年版，第 7204 页。
9 北宋·郑獬撰《郧溪集》卷十二"荐汪辅之状"，叶十六至十七。景印文渊阁四库全书，第 1097 册，第 226 页（下）至 227 页（上）。
10 南宋·叶梦得撰《石林诗话》，叶二十二至二十三。景印文渊阁四库全书本，第 1478 册，第 997 页（上、下）。
11 北宋·晁说之撰、晁子健编《景迂生集》卷二十"墓志铭·东里张处道墓志铭"，叶十七。景印文渊阁四库全书本，第 1118 册，第 391 页（下）。
12 南宋·王明清撰《挥麈录·后录》卷六，叶六。景印文渊阁四库全书本，第 1038 册，第 477 页（上）。
13 清·朱彝尊撰《词综》卷八，叶七至八。景印文渊阁四库全书本，第 1493 册，第 513-514 页（上、下）。
14 北宋·郑獬撰《郧溪集》卷十二"荐汪辅之状"，叶十六至十七。景印文渊阁四库全书，第 1097 册，第 226 页（下）至 227 页（上）。
15 北宋·吕希哲撰《吕氏杂记》卷下，叶十三。景印文渊阁四库全书本，第 863 册，第 226 页（上）。
16 北宋·邵伯温撰《闻见录》卷十六，叶五至六。景印文渊阁四库全书本，第 1038 册，第 808 页（上、下）。

如古守道之士也。其为人外柔而内刚。新以进士及第，为荥阳主簿。"[17]欧阳修居颍时，魏广与刘敞原甫、王回深甫等七人会于聚星堂[18]，分题赋诗：分韵，魏广得"春"字；又赋室中物，魏广得澄心堂纸；又赋席间果，魏广得凤栖；又赋壁间画像，魏广得谢安[19]。刘敞有"和永叔十九韵送魏广"诗[20]。元祐七年（1092）正月官左朝请大夫，为徐王府侍讲[21]。

按，欧阳修写"与晏元献公"书简时为庆历七年（1047），时魏广已为荥阳主簿；及至嘉祐中，魏广任荥阳主簿又有十年左右了。熙宁四年（1071）欧阳修以太子少师的身份辞职，居颍州（今安徽阜阳）[22]。魏广与欧阳修相识、交往达二十五年之久。

下另有小一号字"咸宁赵钺"。此四小字显然为后刻，与前字体风格不同。赵钺当为明人，石窟中另有其题刻，此处暂不赘述，详见后文。

**3. 汪辅之来陕原因、时间考**

汪辅之来陕，或至少有两次，有二因。一、熙宁八年（1075）七月任职大理寺丞、知司农寺丞，体量根究泾原、环庆、鄜延路赈济汉蕃灾伤户有无不当、贷官谷及措置乖失事[23]。二、御史周尹言其熙宁八年（1075）冬奉使经由永兴、秦凤路见盗铸钱，熙宁九年（1076）二月，朝廷派汪辅之往，逐路简选铁钱；时汪辅之任淮南西路转运判官[24]（另有言其为三司指挥[25]）。由此判断，该题刻的时间当在熙宁八年（1075）、熙宁九年（1076）左右。又据题刻中"丙辰重五游"的文字，丙辰年为熙宁九年（1076），重五即重午端午节。可知该题刻的时间为熙宁九年丙辰（1076），汪辅之二次来陕之时。

《宋史·职官志》载宋时置大理寺掌断天下奏狱，初置判寺、少卿事、正、丞、评事等。元丰官制，有推丞四人、断丞四人[26]。汪辅之来陕在元丰前，推丞、断丞未分。熙宁三年（1070）司农寺增置丞、簿，负责新法之农田水利、免役、保甲等法[27]。转运判官属转运使，掌经度一路财富，而察其登耗有无；而判官，皆随资之浅深称焉[28]。可知，汪辅之来陕皆为处理与民生直接相关的公务。

魏广题名在汪辅之之后，二人游邠州大佛寺石窟时，其职或已为司农寺主簿。熙宁三年（1070）司农寺增置丞、簿，魏广之职已变。此可补史籍文献之不足，增补对魏广经历。二人一为寺丞，一为寺主簿，官职高低相差一级。

---

17　北宋·欧阳修撰《文忠集》卷四"居士集四·古诗二十四首·送荥阳魏主簿（广）"，叶八至九。景印文渊阁四库全书本，第 1102 册，第 48 页（上、下）。卷一百四十五"书简二·与晏元献工［同叔，庆历七年（1047）］"，叶一。景印文渊阁四库全书本，第 1103 册，第 478 页（上）。按，欧阳修诗"送荥阳魏主簿（广）"中"荣"为"荥"之误。

18　北宋·吕希哲撰《吕氏杂记》卷下，叶十三。景印文渊阁四库全书本，第 863 册，第 226 页（上）。

19　南宋·朱弁撰《风月堂诗话》卷上，叶五至六。景印文渊阁四库全书本，第 1479 册，第 17 页（上、下）。

20　北宋·刘敞撰《公是集》卷十五"五言古诗·和永叔十九韵送魏广"，叶七至八。景印文渊阁四库全书本，第 1095 册，第 523 页（上、下）。

21　南宋·李焘撰《续资治通鉴长编》（第 31 册）卷四百六十九"哲宗"，北京：中华书局，1986 年版，第 11207 页。

22　北宋·范仲淹撰《文忠集·年谱》，叶十九至二十。景印文渊阁四库全书本，第 1102 册，第 20 页（上、下）。

23　南宋·李焘撰《续资治通鉴长编》（第 19 册）卷二百六十六"神宗"，北京：中华书局，1986 年版，第 6532 页。明·胡我琨撰《钱通》卷二十六，叶十三。景印文渊阁四库全书本，第 662 册，第 726 页（上）。元马端临撰《文献通考》亦有相关记载，此处不再赘注。

24　南宋·李焘撰《续资治通鉴长编》（第 19 册）卷二百七十三"神宗"，北京：中华书局，1986 年版，第 6688 页。

25　南宋·章如愚撰《群书考索·后集》卷六十一"财用门·铁钱"，叶十。景印文渊阁四库全书本，第 937 册，第 849 页（上）。

26　元·脱脱等撰《宋史》（第 12 册）卷一百六十五"志第一百一十八 职官五·大理寺"，北京：中华书局，1977 年版，第 3899-3900 页。

27　元·脱脱等撰《宋史》（第 12 册）卷一百六十五"志第一百一十八 职官五·司农寺"，北京：中华书局，1977 年版，第 3904 页。

28　元·脱脱等撰《宋史》（第 12 册）卷一百六十七"志第一百二十 职官七·都转运使"，北京：中华书局，1977 年版，第 3964-3965 页。

表二　《汪辅之等题名》与褚遂良书法单字对比

| 汪辅之等题名 | 阴符经 | 汪辅之等题名 | 阴符经 | 汪辅之等题名 | 倪宽赞 |
|---|---|---|---|---|---|
| 汪 | 三 | 之 | 之 | 辅 | 蒲 |
| 汪辅之等题名 | 阴符经 | 汪辅之等题名 | 阴符经 | 汪辅之等题名 | 阴符经 |
| 魏 | 見 | 立 | 立 | 宣 | 虞 |

#### 4. 汪辅之等题名题刻风格辨

初读该题刻，笔者误以为唐人所题，因题刻文字有较强的唐初褚遂良书法风格，与传为褚遂良的《倪宽赞》《阴符经》在结体、用笔上有较多相似之处（表二）。只是此题刻多保留了褚体之风，而消减了劲拔之貌。这一层转变上，倒也与宋代雕塑中的吴道子画风有相似之处，即在宋代雕塑中将吴道子"吴带当风"的样式保留了下来，但用笔的气韵雄壮却消失了。另外，唐人题刻多小字，宋人题刻字多变大，亦是该题刻与唐人题刻风格差异之一。

# （四）宋仲宏父游庆寿寺诗

位于大佛洞西壁耳室外侧、胁侍观世音菩萨头光之右。共七行，除诗名、作者及年月款等外，其他四行每行皆十四字。因位置较高，既无法攀登，故鲜少椎拓而保存完好如新。行书。

游庆寿寺一首 /
郡守成都宋京仲宏父 /
蒲萄蔽野果连山，荡潏泾流自一川。/ 陈迹到今唯石刻，画图隔岸有人烟。/ 来游共记宣和日，访古重寻正观年。/ 薄晚渔樵伴归去，夕阳筛影荻林边。/
辛丑（1121）闰五月初二日书。/
南珍摹刻 /

图 1-2-4 宋京游庆寿寺诗

该题刻未收录于叶昌炽《邠州石室录》，或因其位置太高而未有拓片，叶氏无所依凭而未编录于其书中。

### 1. 宋京其人其事

宋京字仲宏父，仲为排行，父（甫）指男子。表字以三字的形式为宋人时风[1]。宋京官职为邠州郡守，相当于邠州知州。宋京知邠州，这在1998年成都东北郊出土的宋京夫妇墓志铭中亦有记载[2]。宋京夫妇墓志铭可为我们提供宋京的相关信息。在邠州大佛寺石窟，宋京题诗除该则外，另有罗汉洞东室南壁正上方一则[3]，皆为宣和三年（1121）辛丑之时游寺所题。该则题刻为五月初二日，时间在前；罗汉洞题刻为十月十二日，时间在后。

叶昌炽对宋京其他诸题刻已多有提及，言其"诗刻多在陇蜀间"。又言其宣和二年（1120）题刻中官职为"朝散大夫、光禄少卿、权太府卿"[4]。宣和三年（1121）四月二十九日至三十日的高陵太清阁四诗，第一首诗后题"京请郡，得豳，取道渭上"、第二首诗"乞守初来到渭滨"。叶昌炽言："宋时士大夫在朝不得志，往往乞一郡以出，

---

1　参阅宋·黄庭坚《山谷集·别集》卷三"说·党涣字伯舟甫说"，叶十一至十二。景印文渊阁四库全书本，第1113册，第563页（下）至564页（上）。
2　参阅刘隽一《北宋宋京夫妇墓志铭考释》，《中国典籍与文化》，2013年第4期，第28-35页。
3　清·叶昌炽撰《邠州石室录》卷二"宋·宋仲宏题诗"，民国四年（1915）吴兴刘氏嘉业堂刻本，叶八十七。
4　清·叶昌炽撰《邠州石室录》卷二"宋·宋仲宏题诗"，民国四年（1915）吴兴刘氏嘉业堂刻本，叶八十七。

若京是矣。"[5] 高陵太清阁诗时间与此题"游庆寿寺一首"中间只隔一日，宋京应为五月初一到邠州，第二日即先又游大佛寺，可知其为政也消极，如叶昌炽所言其在朝不得志。此题宋京为邠之郡守（知州），可补宋京之生平经历，尤其是其陕西任职之开始时间。

在字的释读中，"荡"后一字本为"潏"字，前人误释读为"浊"字沿传至今。前人之误读或因远观而不清晰，高清图版提供了准确释读的便利。荡潏，即水动荡涌出貌。"正观（贞观）"[6]为年号，对仗"宣龢"年号。该诗中首联、尾联写景，中间二联中有"陈迹""访古"等词，尾联中有"薄晚""夕阳"，当亦是宋京心态之反映。

"南珍摹刻"中南珍其人不详，待考。

**2. 宋京游庆寿寺诗题刻的史料价值**

该题刻，是宋代庆寿寺之名又一确切的记载。除了彬州大佛寺石窟中"安頔题名（1068）"和"宋唐辅题名（1076）"[7]外，另有该题刻（1121），大致可以判断至北宋中晚期直至宋末仍名"庆寿寺"。

除石窟题刻之外，今天知道的庆寿寺名称主要基于明代成书、清代刻本的《邠州志》所载文字："庆寿寺，在州西二十里官路旁，唐贞观二年（628）建。"[8]宋代开始庆寿寺之名一直延续至清，未有变动。清代毕沅的《关中胜迹图志》中记载："唐庆寿寺，在邠州西二十里（《一统志》）。唐建有像，坐石岩下，高十余丈，俗名大佛。"[9]该书中首次将庆寿寺的名字认定为唐代即有，实无确切依据。

彬州大佛寺唐时名称当为应福寺，因有三则唐人题刻皆提及"应福寺"之名："武太一题记"[10]"高叔夏造像""应福寺西阁功德记"[11]。关于此，叶昌炽在《邠州石室录》中首先指出了大佛寺在唐朝本为"应福寺"："此刹唐为应福寺，开成元年（836）西阁功德记犹沿旧额，至宋安頔、宋唐辅题名，始书庆寿，何时改额未详。"[12]但他在"自序"中却又有："邠州古新平郡，与泾接壤，距城西二十里有大佛寺，即唐之庆寿寺也。"[13]两种说法相矛盾。

关于彬州大佛寺石窟之名从应福寺改为庆寿寺，曹剑先生推测其时间为宋仁宗赵祯天圣十年（1032），原因是皇帝为母刘太后公开的庆寿活动[14]。该问题有待进一步考证。

5　清·叶昌炽撰《邠州石室录》卷二"宋·宋仲宏题诗"，民国四年（1915）吴兴刘氏嘉业堂刻本，叶八十八。

6　"贞观"在宋代因避讳皇帝赵祯而改为"正观"，见陈垣著《史讳举例》卷三"避讳改史实·避讳改前朝年号例"，上海：上海书店出版社，1997年版，第37页。

7　清·叶昌炽撰《邠州石室录》卷二"宋·安頔题名""宋·洛阳宋唐辅题名"，民国四年（1915）吴兴刘氏嘉业堂刻本，叶四十六、叶五十四。

8　明·姚本校、阎奉恩撰《邠州志》卷四"寺观"，康熙年间刻本，据清顺治六年（1649）刻版〔嘉靖时始撰，前有万历己亥（1599）序〕增刻，叶二十二。

9　清·毕沅撰《关中胜迹图志》卷二十七"邠州·地理、名山、大川、古迹"，乾隆四十一年（1776）成书，民国二十五年（1936）陕西通志馆铅印本，叶二十二。

10　见本书前文卷一 题刻"一唐（一）豳州长史武太一题记"。

11　清·叶昌炽撰《邠州石室录》卷一"唐·高叔夏造像""唐·应福寺西阁功德记"，民国四年（1915）吴兴刘氏嘉业堂刻本，叶二十一、叶三十九。

12　清·叶昌炽撰《邠州石室录》卷一"唐·高叔夏造像"，民国四年（1915）吴兴刘氏嘉业堂刻本，叶二十三。

13　清·叶昌炽撰《邠州石室录》"自序"，民国四年（1915）吴兴刘氏嘉业堂刻本，叶一。

14　曹剑《公刘豳国考》"大佛寺考"，西安：三秦出版社，1993年版，第72页。

### 3.题刻书风略论

题刻书法艺术方面，工整而劲健有力，带有宋四家的结体特征和笔画痕迹，如"陈"字中竖折钩的写法，为米芾所常用；而变宋四家的欹正向背为工整劲健。该诗刻能于大佛洞十八米的高处摹刻，显然与宋京的郡守身份有直接关系。通览宋代题刻人名，或有职位高于宋京者，或有其他过往文武将士，但无如宋京之为邛郡守一职。大佛洞高处题刻，是整个石窟题刻中最为独特的，亦是保存最为完好的。

# （五）史舜封题名

位于千佛洞中心柱正壁（北壁）西部中间偏下。三行，行五字，有浅外框。底原本有小字，现可辨识不多："……/……□□……/……□……/……同……/……和……/……"似唐人题字。后被磨去，幂刻其上。楷书，右行。

史舜封解秩／泾原，挈家过此，／因笔石壁。／
右上另有小字：咸阳／县人／参／平凉／吏张钺／

该则题刻与"汪辅之等题名"一样，并未收录于叶昌炽《邠州石室录》中，或是当年大佛寺住持天缘僧落下而未拓，或是叶昌炽误漏而未选。常青《彬县大佛寺造像艺术》也未曾抄录，其他研究成果中亦无该则题刻的身影。该题刻位置显眼，字体清晰，前辈学者文著中皆未收录，亦颇令人不解。

图 1-2-5 史舜封题名及拓片

## 1. 史舜封题名题刻的时间

史舜封其人于史无征，或因其遭"解秩"，抑或因其无功业。该题刻并无纪年，前人关注亦较少，疑为宋刻。原因如下：

第一，从题刻的文字来看，为宋人题刻特征。章法上，宋人题名、题记一般采用右行方式，即从左向右依次书写。这种情况在其他朝代题刻中较为少见，为典型的宋人题名、题记的特征。另，在书风上，字体右上斜倾，结字开张有力，柳体书风，与明人楷体所带有的较强的台阁体书风不同。

第二，在千佛洞中心柱正壁（北壁）最大造像龛下另有三龛，中为香炉龛，两侧二狮子龛。此三龛之中间、左右分别各有题刻一，总计四通题刻（R/S/T/U）。右侧狮子造像龛之右即最东侧题刻

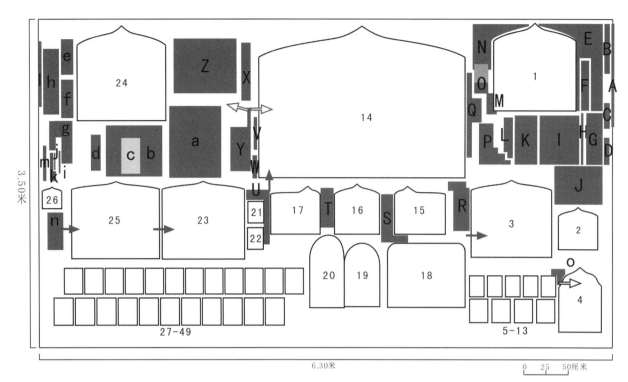

为唐武太一题记[1]（U），该狮子造像龛与香炉龛之间的题刻为北宋张太宁题名（T），时间在北宋元丰壬戌年（1082）[2]；香炉龛与左侧狮子龛中间的题刻即汪辅之题刻（S），前文已有考证，时间在北宋熙宁九年（1076）。此史舜封题刻（R）在左侧香炉龛的左侧，与另外两通题刻一并排列，却并未占据页面较为宽松的主龛两侧；分布方式相似，是判断其与前两通题刻时间相近的理由之一。就题刻的具体时间而言，三则宋代题刻最中间的汪辅之题刻时间（1076）最早，张太宁题刻时间（1082）排第二。史舜封题刻或即在汪辅之题刻时间的北宋熙宁九年（1076）之后、北宋灭亡（1127）之前。小字中"阳"字与本题刻中"此"字穿插，非同时所题，当亦明人题刻。张钺其人待考。

**2. 千佛洞中心柱正壁（北壁）宋及之前的状态**

今天千佛洞正壁（北壁）满布造像和题记，以及小的造像砖龛。但壁面上的这些造像龛、绝大多数的题记基本属于宋代之后（造像砖龛暂不确定何时所凿）。正壁的宋人的题刻并不破坏造像（但似磨去了唐人题刻），基本是见缝插针。

另，整体来看，宋人的题刻在书体上或是带有较强的唐人的用笔、结体特征，只是字号较唐人比更大，如汪辅之题名题刻中的褚体结体、史舜封题名题刻中的柳体结体。宋仲宏父游庆寿寺诗题刻字体点画精到、结体严谨，为唐楷遗风。张太宁题名题刻虽为行书、较唐人书风萧散，但横细竖粗对比强烈、顿挫感明显，仍与唐人一脉相承。

---

1　参阅陈磊《〈邠州石室录〉唐人题刻补遗四通》，《中国书法》2021年6期，第203-208页、封三。

2　参阅清·叶昌炽《邠州石室录》卷二"宋·张太宁题名"，民国四年（1915）吴兴刘氏嘉业堂刻本，叶六十至六十一。

# 金

清人叶昌炽《邠州石室录》收录邠州大佛寺（今彬州大佛寺石窟）金人傅几先题名一通，考证有其职官制度、历史地理、年代等。除此之外，遗落两通金人题名。以叶昌炽《邠州石室录》的体例作补遗工作，可以增补相关认识。

# （一）蒋彬等同游题名

位于千佛洞窟室西壁中间下部。一行直下，共二十八字，楷书。

维大金巳（己）卯正隆四年（1159）三月十八日，里人蒋彬、杨瑜、李威、李彦同游是洞。/

　　正隆（1156—1161）为金海陵炀王完颜亮的第三个年号。靖康二年（1127）之"靖康之变"，北宋灭亡。南宋建炎四年（1130）、金太宗天会八年（1130）邠州沦丧于金。金正隆四年（1159）、南宋绍兴二十九年（1159）的此题刻距邠州并入金之版图已过整三十年。

　　里人，此处当指所居本地之人。蒋彬，史籍所载有二。《云庄集》有载，言其宣和（1119—1125）之后，为弓级，颇有见识[1]。另，《宗忠简集》有载，言其靖康二年（1127）任阁门宣赞舍人，持诏至北道总管司[2]。此三处所记"蒋彬"，虽不完全确定，但大致可以推测三者为一人。北道或指西北道，即今陕西以西地区。宋时蒋彬为阁门宣赞舍人，持诏至北道；宋亡而官职去，返回其乡邠州，题刻自称"里人"，也合乎情理。

　　杨瑜其人，北宋赵抃《清献集》有载[3]。然赵抃元丰七年（1084）去世，此题刻已过近七十年，当非一人。李威、李彦，史籍无载，不得确考其生平。

1　南宋·曾协撰《云庄集》卷五"右中散大夫提举台州崇道观强公行状"，叶十三至十四。景印文渊阁四库全书本，第 1140 册，第 297 页（下）至 298 页（上）。

2　宋·宗泽撰，南宋·楼昉编《宗忠简集》卷七，叶十七。景印文渊阁四库全书本，第 1125 册，第 66 页（下）。

3　北宋·赵抃撰《清献集》卷三"蜀倅杨瑜邀游霭画池"，叶四。景印文渊阁四库全书本，第 1094 册，第 759 页（上）。

图 1-3-1 蒋彬等同游题名及拓片

## （二）兴定二年残题

位于千佛洞窟室西壁北侧三分之一处中间位置，残存九字。

兴定二年（1218）三月二日

兴定（1217—1222）为金宣宗第二个年号，总计六年。兴定二年（1218）为戊寅年。

图 1-3-2 兴定二年残题

# 四

# 元

清人叶昌炽《邠州石室录》收录邠州大佛寺（今彬州大佛寺石窟）元人题刻 16 通，每一则题刻都有基本信息的记录，以及对职官制度、历史地理、年代、艺术风格的考证。尚有 6 通元人题名，或是有明确纪年，或是有相同类型特征；合计共有 22 通元人题刻。对《邠州石室录》元人题名的补遗，有助于进一步认识元朝时的彬州大佛寺石窟。

# （一）刘辉、张铎题名

位于千佛洞中心柱东壁北侧上部。三行，行四至七字不等。

大名刘辉中统五／年（1264）应聘朝□，／□张铎至此。／

图 1-4-1 刘辉、张铎题名

　　刘辉其人，查无考。张铎其人，史籍有零散记载。依据本题刻时间，勾稽史籍文献，大体可知其生平简历：

　　张铎，字宣卿[1]，济南人。娶妻安氏，为安圭与成氏之女[2]。《元史·张起岩传》载张起岩，其先章丘人（今山东济南章丘），祖张铎为东昌录事判官[3]。至元九年（1272）"二月庚寅朔，奉使日本赵良弼，遣书状官张铎同日本二十六人至京师求见"[4]、十七年（1280）"三月，同知浙东道宣慰司事张铎言：'江南镇戍军官不便，请以时更易置之'"[5]。

　　张铎除为国信使、地方军事监察官等官职外，亦工书，得黄庭坚、米芾笔法[6]。另有对黄庭坚书法真迹"草书李太白忆旧游寄谯郡元参军"之题跋，迻录于下：

　　玩物丧志，君子不取也。余幼而失学，粗喜写字。虽未知行草之妙，亦尝留心。知苏东坡、黄山谷、米元章，数家翰墨，甚酷爱见。每以真伪，仅能别之。余守长乐郡，客有董君详者，手携草书一幅，自云沉埋尘中，人鲜能辨。今求教，而就赠君。余拂拭展玩，惊喜叹异，谓君详曰，此山谷真迹也！居无何，闽士李明父来访，出而示之。明父随曰，李太白诗也，前犹有文，惜乎断简耳。及观全帙，乃知"忆旧游寄谯郡元参军"之作。考其遗落，凡八十字。噫！虽豫章之笔，无以复加。然谪仙之诗，不可不补。故足而记之，深有望于珠还剑合之时。它日果如吾言，岂不为盛事也哉！其辞曰"忆昔洛阳董糟丘，为余天津桥南造酒楼。黄金白璧买歌笑，一醉累月轻王侯。海内贤豪青云客，就中与君心莫逆。回山转海不作难，倾情倒意无所惜。我向淮南攀桂枝，君留洛北愁苦思。不忍别，还相随。相随"，下接"迢迢访仙城"。元贞乙未（1295）烈子野

---

1　清·倪涛《六艺之一录》撰卷三百五十七"历朝书谱·元·张铎"，叶十三。景印文渊阁四库全书本，第 837 册，第 608 页（上）。

2　按，安圭逝于至元甲子（1264），享年七十一，与此题刻日期为同一年。参阅元·马祖常撰《石田文集》卷十三"碑志·济南安氏先茔碑"，叶一至二。景印文渊阁四库全书本，第 1206 册，第 625 页（下）至 626 页（上）。

3　明·宋濂等撰《元史》（第 14 册）卷一百八十二"列传第六十九·张起岩"，北京：中华书局，1976 年版，第 4193 页。

4　明·宋濂等撰《元史》（第 1 册）卷七"本纪第七·世祖四"，北京：中华书局，1976 年版，第 140 页。

5　明·宋濂等撰《元史》（第 8 册）卷九十九"兵志第四十七·兵二·镇戍"，北京：中华书局，1976 年版，第 140 页。

6　清·倪涛撰《六艺之一录》卷三百五十七"历朝书谱·元·张铎"，叶十三。景印文渊阁四库全书本，第 837 册，第 608 页（上）。

人张铎书于三山英达坊之为巳（己）堂[7]。

福州别名"三山"。"英达坊"仍存，即今宫巷，旧名仙居里、聚英坊，元改英达坊。为己堂，已不可考。此题跋所言"草书李太白忆旧游寄谯郡元参军"可补黄庭坚书法草书之目。推测其时张铎已高龄而致仕，故言"烈子野人"。

7 明·郁逢庆撰《续书画题跋记》卷六"黄太史草书李太白忆旧游寄谯郡元参军"，叶十八至十九。景印文渊阁四库全书本，第816册，第864页（上、下）。

## （二）至元五年残题

位于千佛洞窟室南壁西侧上部，残存六字。

……至元五年（1268 或 1339）十月……

该残题，前人著述中并未收录。至元为元代年号。元代有两个至元年号：一为元朝第一任皇帝元世祖忽必烈使用的年号名至元（1264—1294），一为元朝第十一任皇帝元惠宗（顺帝）妥懽帖睦尔的年号至元（1335—1340）。此处不确定是哪一个，据前文"刘辉等题名"推测，石窟中至元或为元世祖忽必烈年号，题刻时间为至元五年（1268）。

## （三）刘廷章题名

位于千佛洞中心柱正壁（北壁）东侧边缘上部，一行直下，共十字。

大元至顺（1330-1333）刘廷章□□此。/

　　至顺（1330—1333）是元朝时元文宗图帖睦尔的年号，共四年。刘廷章其人，查无考。
　　另，正壁另有刘廷章姓名两处，随意刻划，不知是否为同一人。

图 1-4-3 刘廷章题名

# （四）孟文□装像题记

位于千佛洞窟室东壁右侧三分之一处下部，一行直下，十六字，楷书。[1]

邠州吏凤扬孟文□装此一尊，时岁甲戌。/

凤扬孟文□其人，查无考。根据清叶昌炽《邠州石室录》中对元代装像题记的题跋，知元人多装像，且用"时岁"二字。该石窟中亦有数则"时岁甲戌"题刻，如"俺普装像题字""伯颜装像题字""达鲁花赤间间装像题字""尉温福装像题字"[2]等。据此判断，该题刻或亦为元题。

1　参阅常青《彬县大佛寺造像艺术》"第六章 大佛寺石窟的修缮功德"，北京：现代出版社，1998年版，第289页。
2　清·叶昌炽撰《邠州石室录》卷三"元·俺普装像题字／伯颜装像题字／达鲁花赤间间装像题字"，民国四年（1915）吴兴刘氏嘉业堂刻本，叶十一至十四。

## （五）隆鹏翼装象题记

位于千佛洞窟室西门柱东壁南侧上方。两行，一行十八字，一行十五字。

镇西武靖王值下财用总管府总管隆鹏翼装／佛一尊，岁记丙寅孟夏末旬上日，谨施。／

图 1-4-5 隆鹏翼装像题记

镇西武靖王为元代诸王官职。《元史·诸王表》载："元兴，宗室驸马，统称诸王……然初制简朴，位号无称，惟视印章，以为轻重。"[1] 通览诸王表，镇西武靖王非最高等级，最高等持金印兽纽，次为金印螭纽、金印驼纽。镇西武靖王当属第四等，持金镀银印驼纽："铁木儿不花，大德元年（1297）封。搠思班。"[2] 具体时间为元成宗大德元年（1297）春正月"封诸王铁木而不花为镇西武靖王，赐驼纽印"[3]。《元史》所载有铁木儿不花及其子为两任镇西武靖王。

根据其他史料记载，镇西武靖王另有其他诸王。如《元史续编》载元英宗至治三年（1323）三月"西番昝巴凌诸族叛，敕镇西武靖王绰斯巴勒讨之"[4]。《明史·西域传》载洪武三年（1370）"其镇西武靖王卜纳剌亦以吐蕃诸部来纳款"[5]。其他史籍文献所载，不超此四人之范围，仅为音译之差别，此不再赘列。

有元一朝，共有丙寅年二，一为元世祖至元三年（1266），一为元泰定帝泰定三年（1326）。铁木儿不花大德元年（1297）封镇西武靖王，另外两个时间分别为至治三年（1323）、洪武三年（1370）。显然此题记之丙寅为元泰定帝泰定三年（1326），即隆鹏翼装佛时间。

本题记中，镇西武靖王不确定具体为哪一个，只能大致排除洪武三年（1370）之镇西武靖王。据其时、其地而言，本题记中的镇西武靖王或为至治三年（1323）讨伐叛乱之人。

隆鹏翼其人，查无考。

1 明·宋濂等撰《元史》（第9册）卷一百八"表第三·诸王表"，北京：中华书局，1976年版，第2735页。

2 明·宋濂等撰《元史》（第9册）卷一百八"表第三·诸王表"，北京：中华书局，1976年版，第2746页。

3 明·宋濂等撰《元史》（第1册）卷十九"本纪第十九·成宗二"，北京：中华书局，1976年版，第2735页。按，此处"铁木而不花"即"铁木儿不花"，"而"为"儿"之误。

4 明·胡粹中撰《元史续编》卷九，叶七至八。景印文渊阁四库全书本，第334册，第524页（上、下）。

5 清·张廷玉等撰《明史》（第28册）卷三百三十"列传第二百二十八·西域二·西番诸卫"，北京：中华书局，1974年版，第8539页。

# 五

# 明

　　清叶昌炽《邠州石室录》共收录唐、宋、金、元不同时期题刻一百零三通。实际上，最早《邠州石室录》所收录题刻亦包括明廿二通[1]。其后听取了艺风堂缪荃孙"不赞成收明刻，以其浩无津涯也"建议，而舍却明题刻[2]。叶昌炽舍却这廿二通明题刻[3]及跋语，亦可理解，其时乃至今时对明人题刻皆不重视。彬州大佛寺石窟的这些明人题刻或于明代历史主体脉络演进的研究并无太多直接帮助，但于彬州大佛寺石窟的历史建构却有重要价值。故笔者不揣鄙陋，整理、迻录于此，共五十余通（加残题）[4]；就目前统计来看，在数量上仅次于宋人题刻，位列第二。另以《邠州石室录》之体例，阐释、考索，为重新认识彬州大佛寺石窟的明代历史提供基础史料。

---

1　清·叶昌炽著、王季烈节录《缘督庐日记抄》卷十四"辛亥（1911）十一月"，民国二十二年（1933）石印本，叶四十九。收录于《续修四库全书》（第576册），上海：上海古籍出版社，2002年版，第800页（上）。

2　清·叶昌炽著、王季烈节录《缘督庐日记抄》卷十四"壬子（1912）正月"，民国二十二年（1933）石印本，叶五十二。收录于《续修四库全书》（第576册），上海：上海古籍出版社，2002年版，第801页（下）。

3　起初《邠州石室录》收明题刻应为廿三通。除了此处所提及的廿二通外，另有明范文光一通。清·叶昌炽著、王季烈节录《缘督庐日记抄》卷十四"壬子（1912）七月"，民国二十二年（1933）石印本，叶六十五。收录于《续修四库全书》（第576册），上海：上海古籍出版社，2002年版，第808页（上）。

4　按，尚有一些题刻遭到磨泐损毁，今已不见。

## （一）建文二年残题

位于千佛洞中心柱东壁北侧下部。一行直下。

右□建文□（二？）年（1400）四月廿八日入公。/

　　建文为明朝第二个皇帝惠宗朱允炆年号（1399—1402），前后共四年。题刻残损严重，仅保留时间，为彬州大佛寺石窟中现存最早的明人题刻。

图 1-5-1 建文二年残题

## （二）王竑题记

位于千佛洞中心柱正壁（北壁）东侧三分之一处上部。五行，行六字至十二字不等。有提行，楷书。

都御史王竑奉／敕经略关陕兵备，重经于此，偕／部署都指挥白玉等二十／二人，登阁瞻谒。时天顺壬午（1462）／岁九月廿八日也。／

《明史·王竑传》载：王竑，字公度。正统四年（1439）进士，豪迈负气节，正色敢言。正统十四年（1449）也先犯京师，擢王竑为右佥都御史。景泰四年（1453）十月，进左副都御史。天顺五年（1461）孛来（明蒙古哈喇慎部领主）寇庄浪（今甘肃平凉），起竑故官，与兵部侍郎白圭参赞军务。天顺六年（1462）正月击退孛来，白圭等还，王竑仍留镇[1]。

图 1-5-2 王竑等题记拓片

壬午即天顺五年（1461）。此题刻或是王竑前往庄浪之时途径所题，因击退孛来时已天顺六年（1462）正月。且击退孛来后，白圭等还，王竑仍留镇。题记言"重经于此"，或是先前曾过大佛寺，首次前来时间待考。

题记中白玉即白圭，"圭"与"玉"义通。根据题记中王竑书名而不书字看，白玉当为其名，圭或为其字。王引之《春秋名字解诂》以为例属"指实"，用义较具体形象之字以表其名[2]。圭为玉之实指，玉为名，圭为字。

都御史为行使监督职权，而真正负责兵备者即为都指挥兵部侍郎白圭。

本题记为典型明台阁体书风，楷书字体方正，端庄工整。

1　清·张廷玉等撰《明史》（第 15 册）卷一百七十七"列传第六十五·王竑"，北京：中华书局，1974 年版，第 4706-4709 页。
2　转引自马国权注《书谱译注》，上海：上海书画出版社，1980 年版，第 4 页。

## （三）韦铸题记

镶嵌于大佛洞窟西门窗壁面（今西门窗已废弃，封堵无法使用）。四行，行十二字至十五字不等，有提行。楷书。

时天顺□（癸）未（1463）岁孟夏上旬七日，/钦差御马监右少监韦铸，奉/旨适廿（甘？）□（州？），公务过此，登阁恭叩瞻礼，故/□□□之，以□（垂）不泯云。

图 1-5-3 韦铸题记

天顺为明中前期英宗年号，癸未为天顺七年（1463）。该题记在大佛洞石窟内的高处，加之光线昏暗，较其他题刻不易见；故摹拓较少，虽亦有风化，但因刻字痕迹较深，保存相对较好。

《明史·职官志》载："（明洪武）二十八年（1395），重定内官监、司、库、局与诸门官，并东宫六局、王府承奉等官职秩。凡内官监十一：曰神宫监，曰尚宝监，曰孝陵神宫监，曰尚膳监，曰尚衣监，曰司设监，曰内官监，曰司礼监，曰御马监，曰印绶监，曰直殿监，皆设太监一人，正四品，左、右少监各一人，从四品，左、右监丞各一人，正五品，典簿一人，正六品，又设长随、奉御，正六品。"[1] 韦铸为御马监右少监之职，属从四品。其时，御马监地位较高，有统兵之权。韦铸为钦差，奉职前往甘肃。或因此，题刻位置特殊，前者惟有宋代宋京为邠之郡守（知州）而高处题刻，此韦铸题记题刻可列唯二。

韦铸其人不见正史记载。其他史籍文献中曾提及明宪宗成化十三年（1477）"贵州镇守右少监韦铸"[2]。《钦定续文献通考》载："镇守太监始于仁宗洪熙，遍设于英宗正统。凡各省各镇无不有镇守太监，至世宗嘉靖八年（1529）后始革。"[3] 又载："（明）总镇一方者为镇守，独镇一路者为分守，各守一城、一堡者为守备，与主将同守者为协守，又有提督、提调、巡视、备御、领班、备倭等名。""镇守贵州总兵官一人"[4]，成化十三年（1477）韦铸为镇守、右少监，出任外地，已是总镇一方的大员。

该题记题刻带有较强的颜体痕迹，结字宽博敦厚；"时"字保留了彬州大佛寺石窟元人装像题记所常用的异体字。

---

1　清·张廷玉等撰《明史》（第 6 册）卷七十四"志第五十·职官三·宦官"，北京：中华书局，1974 年版，第 1825 页。

2　明·王恕撰《王端毅公奏议》卷三"巡抚云南·请勅贵州会兵抚捕罗雄州贼人奏状"，叶四十三。景印文渊阁四库全书本，第 427 册，第 514 页（下）。

3　清·嵇璜等撰《钦定续文献通考》卷五十六"职官考·镇守"，叶四十六。景印文渊阁四库全书本，第 627 册，第 557 页（上）。

4　清·嵇璜等撰《钦定续文献通考》卷六十一"职官考"，叶十二。景印文渊阁四库全书本，第 627 册，第 661 页（上）。镇守等设置又见清·张廷玉等撰《明史》（第 6 册）卷七十六"志第五十二·职官五·总兵官"，北京：中华书局，1974 年版，第 1866 页。

# （四）张鹏等题名

位于千佛洞窟室东壁北侧上部三分之一处。六行，行七字，楷书。

邠州儒学正张鹏，／训导陈龄、陈玮，递／运所大使陈信，新／平驿丞张安，登阁，／岁次乙酉成化元／年（1465）春三月初九日。／

学正、训导、递运所大使等于《明史·职官志》皆有载："州，学正一人，训导三人。"学正掌教诲所属生员，训导佐之。洪武十三年（1380）改各州学正为未入流（先是从九品）。又载："递运所。大使一人，副使一人，掌运递粮物。洪武九年（1376）始置。先是，在外多以卫所戍守军士传送军囚，太祖以其有妨练习守御，乃命兵部增置各处递运所，以便递送。"[1]正史所载为各州之基本设置，并无此次登阁之明贤人名。题刻中官职设置、人名在地方志文献中有更详细记载。

图 1-5-4 张鹏等题名拓片

《邠州志》载："嘉靖十九年（1540）增设……学正一员、训导三员……属县驿丞一员。"邠州、所属县皆有训导、驿丞。又载："张鹏，四川长宁县人；监生，天顺六年（1462）任。""陈龄，山西绮氏县人。举人，嘉靖二十九年（1550）任后陕北监学录，官至长史。陈玮，山东滨州。举人，三十二年（1553）任，事亲甚孝，问学亦优。"[2]暂未找到陈信、张安的记载。

地方官员携游登阁，虽职级较低，但因其为地方名流，所选题字位置靠近门洞处，较其他为佳，刻字较大亦保存较好。

1 清·张廷玉等撰《明史》（第 6 册）卷七十五"志第五十一·职官四·儒学／递运所"，北京：中华书局，1974 年版，第 1851 页、1853 页。
2 明·姚本校、阎奉恩撰《邠州志》卷二"政事·职制""政事·学职·学正／训导"，康熙年间刻本，据清顺治六年（1649）刻版〔嘉靖时始撰，前有万历己亥（1599）序〕增刻，叶一、叶十八、叶二十。按，从题刻判断，方志中职制添设时间当远早于嘉靖十三年（1534）。

## （五）侯英题名

位于千佛洞中心柱正壁（北壁）东侧上部。三行，行十三字。楷书。

巡按甘肃监察御史侯英系开州 / 人，公差回还至此，停骢登玩。岁次 / 丁亥成化三年（1467）春二月十八日也。/

图 1-5-5 侯英题名拓片

《明史·职官志》有载："十三道监察御史一百十人，正七品……陕西、湖广、山西各八人，云南十一人。""十三道监察御史，主察纠内外百官之官邪，或露章面劾，或封章奏劾。……在外巡按，北直隶二人，南直隶三人，宣大一人，辽东一人，甘肃一人，十三省各一人。……而巡按则代天子巡狩，所按藩服大臣、府州县官诸考察，举劾尤专，大事奏裁，小事立断。"[1] 根据该《志》相关记载，可推断侯英持有"巡按甘肃监察御史印"。又洪熙元年（1425）定巡按以八月出巡，推知侯英巡按甘肃当为成化二年（1466），至此已过半年之久。公务之后返还空余而停马驻足。

侯英正史无载，勾稽史料可知：

侯英，字世杰，开州人，与弟侃俱以孝称[2]；明景泰丙子（1456）科举人[3]，天顺庚辰年（1460）进士[4]。曾为江西按察使、河南都宪等职。《明实录》云：成化三年（1467）二月戊戌"巡按陕西监察御史侯英奏洮州番簇数寇边，指挥使汪钊守备不职，宜逮问。"[5] 此"巡按陕西"当为巡按陕西道，实际为巡按甘肃。该题刻可以纠补史籍文献记载。

又，有当代地方文化研究成果可供参考："侯英（1430—1494），字世杰，号易简斋。其父侯春曾任浙江按察副使。明天顺四年（1460）进士；历任御史、四川按察司金事、江西按察司金事、广西布政使、都察院右副都御史巡抚河南、四川宪政等职，以孝贤著称。"另有其忠直、孝贤的事例[6]。

侯英其人，一生所历官职皆为巡按察之职。其时虽官阶较低，但代天子巡按，甘肃大小事有奏裁、立断之权；巡按甘肃，与关内道同属陕西道，行经邠州，于千佛洞中心柱北壁右上题字，字径大刻深，于众多题刻中非常显眼，或亦与其地位有关。

1　清·张廷玉等撰《明史》（第 6 册）卷七十三"志第四十九·职官二·都察院"，北京：中华书局，1974 年版，第 1767 页、1768 页。
2　明·凌迪知撰《万姓统谱》卷六十三"十一尤·侯"，叶七。景印文渊阁四库全书本，第 956 册，第 949 页（上）。
3　清·唐执玉、李卫等监修《畿辅通志》卷六十四"选举·举人"，叶三十五。景印文渊阁四库全书本，第 505 册，第 524 页（下）。
4　明·毕恭等修，任洛等重修《辽东志》卷五"官师志·使命·巡抚·巡按"，明嘉靖本，叶十七。收录于《续修四库全书》（第 646 册），上海：上海古籍出版社，2002 年版，第 578 页（下）。
5　《明宪宗实录》（第 2 册）卷三九，叶二，北京：中华书局，2016 年版（据红格本影印），第 773 页。
6　张锦印主编《中华龙乡 濮阳》之"明人扫描·明代开州八都"，郑州：河南科学技术出版社，2018 年版，第 71 页。按，该书并无述记文字之文献来源。

# （六）项忠题记

位于千佛洞中心柱正壁（北壁）西侧上部。现存九行，后三行残缺不全。行二字至二十字不等，有提行。楷书。

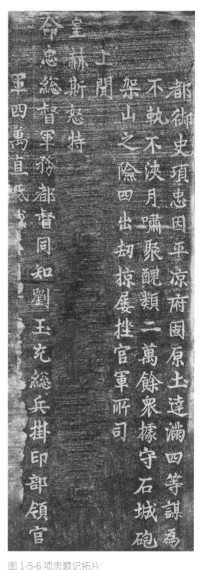

图 1-5-6 项忠题记拓片

都御史项忠，因平凉府固原土达满四等谋为 / 不轨，不浃月啸聚丑类二万余众，据守石城炮 / 架山之险，四出劫掠，屡挫官军。所司 / 上闻，/ 皇赫斯怒。特 / 命忠总督军务，都督同知刘玉充总兵挂印部，领官 / 军四万直抵□（城）□（下）……/ 屈剿□……/ 阁下 /……

《明史·项忠传》载：项忠，字荩臣，嘉兴人。正统七年（1442）进士，授刑部主事，进员外郎。天顺（1457—1464）初，历陕西按察使；天顺七年（1463）为右副都御史。成化四年（1468）开成县固原里满俊（亦名满四）反，入据石城（即唐吐蕃石堡）。都指挥邢端等御之，败绩。不再月，聚众至二万，关中震动，乃命项忠总督军务，与监督军务太监刘祥、总兵官都督刘玉帅京营及陕西四镇兵讨之。项忠与巡抚都御史马文升分军七道，抵石城下，与战斩获多。刘玉被围，因项忠力战而刘玉得脱。大小三百余战，后诱满俊出战，以伏兵擒获，击下石城，凿石纪功。论功，项忠进右都御史，与林聪协掌院事。

《明史·项忠传》所载，项忠等领兵出发之前已"秋深草寒"，初至石城下又"虑贼奔突，乘冻渡河与套寇合"[1]。据此推断，项忠领兵已在深秋，攻下石城在冰冻前后。故此题刻时间在成化四年（1468）秋冬，后几行字应包含有登阁瞻礼及年月信息，惜残缺无存。

又，题记中言"领官军四万直抵城下"，可知该题刻当为项忠、刘玉等攻下石城、消灭满俊之后返回所记。所缺文字除题记之年月信息外，也包括攻占石城之信息。

就题记书风而言，仍为典型台阁体。只是相较于"王竑等题记"外，稍显粗拙。

该题记右侧为造像龛打破，右侧造像年代当在成化四年（1468）之后；又，造像风格具有明代造像特点。

---

1　清·张廷玉等撰《明史》（第 15 册）卷一百七十八"列传第六十六·项忠"，北京：中华书局，1974 年版，第 4727-4730 页。

## （七）成化七年残题

位于千佛洞中心柱正壁（北壁）东侧中部。两行，刻划较浅。

成化七年（1471）八月十一日壬午……/ 苏州府李□□舍人□□……/

成化是明宪宗朱见深的年号。其余信息残损严重，待考。

图 1-5-7 成化七年残题

# （八）何钧、汤鼐题名

位于丌佛洞窟室西壁北侧五分之二处上部。两行，一行九字，一行十一字，首行最后一字残泐不清。题名题刻笔画浅率直硬，似全无章法。

进士何钧、行人汤鼐□ / 过此，成化丁酉（1477）八月一日题。/

成化为明朝皇帝宪宗朱见深年号，丁酉年为成化十三年（1477）。该题刻中，何钧其人名保存完好，而汤鼐后缺一字，所缺之字初不确定是其姓名之第三字，还是其他文字。

何钧其人，正史无载。勾稽史籍文献，大致可知其生平：

《明实录》载："致仕户部右侍郎何钧卒。钧字仲衡，河南灵宝县人。成化乙未（1475）进士，授太常寺博士，升浙江道监察御史。历大理寺丞少卿，再迁右副都御史，巡抚山西兼提督雁门等关。……正德改元（1506）升户部右侍郎，提督仓场，旋以足疾请告，后遂致仕，至是卒。"[1]《明实录》不同篇目中对其不同年间任职多有提及，此处不再赘注。《国朝献徵录》另增记何钧去世时间为正德五年（1510）[2]。

今有地方名人人物志中亦述记何钧生平，可供参考，然皆未出资料来源。《中国长城志·人物》述记较详：成化五年（1469）中进士任试工部奉使，十四年（1478）授太常寺博士，十七年（1481）升试监察御史，十八年（1482）任山东道监察御史；弘治十六年（1503）由大理寺左少卿升都察院右副都御史，提督雁门等关，兼巡抚山西；正德元年（1506）提拔为户部右侍郎并提督仓场，三年（1508）致仕，五年（1510）去世，六年（1511）其孙何继武荫袭为国子生[3]。

成化丁酉（1477）其时，何钧或尚未授太常寺博士之职，或亦未有正式职务，故仅书进士。然其担任临时之职应在正八品之上，而位列汤鼐（□？）之前。成化十四年（1478）何钧即授太常寺博士之职，为正七品[4]。临时之职级或与之接近，待考。

行人，正八品，汤鼐（□？）当为承担协助何钧、传达宫廷诏封等差事。如《明史·职官志》载："行人司。司正一人，正七品，左、右司副各一人，从七品，行人三十七人，正八品。职专捧节、奉使之事。凡颁行诏敕，册封宗室，抚谕诸蕃，征聘贤才，与夫赏赐、慰问、赈济、军旅、祭祀，咸叙差焉。"又载行人之设置过程："初，洪武十三年（1380）置行人司，设行人，秩正九品。左、右行人，从九品。寻改行人为司正，左、右行人为左、右司副，更设行人三百四十五人。二十七年（1394）升品秩，

---

1　《明武宗实录》（第3册）卷六十八，叶六，北京：中华书局书局，2016年版（据红格本影印），第1509-1510页。

2　明·焦竑辑《焦太史编辑国朝献徵录》卷三十"户部三·侍郎·户部右侍郎何钧传"，明万历四十四年（1616）徐象枟曼山馆刻本，叶三十四。收录于《续修四库全书》（第526册），上海：上海古籍出版社，2002年版，第498页（上）。

3　毛佩琦主编《中国长城志·人物》第六篇明"第二章 洪熙至弘治"，南京：江苏凤凰科学技术出版社，2016年版，第552页。按，此书所述记信息多源自《明实录》；又按，该书所述记何钧中进士时间与《明实录》所载有异，或误。另有中国人民政治协商会议河南省三门峡市委员会、学习文史资料委员会编印《三门峡名人》之"三门峡籍篇·古代部分"，豫内资三新出发通字[2006]6063号，第77-78页。

4　清·张廷玉等撰《明史》（第6册）卷七十四"志第五十·职官三·太常寺"，北京：中华书局，1974年版，第1795页。

以所任行人多孝廉人材，奉使率不称旨，定设行人司官四十员，咸以进士为之。非奉旨，不得擅遣，行人之职始重。建文中，罢行人司，而以行人隶鸿胪寺。成祖复旧制。"[5]

《明史·汤鼐传》载："汤鼐，字用之，寿州人。成化十一年（1475）进士。授行人，擢御史。"[6] 此与题刻所言官职相同，可知题刻为汤鼐，"鼐"后所缺之字不详。其时，汤鼐已中进士，题刻只记其官职。

题名题刻笔划浅率直硬，用笔上缺蕴藉沉稳，似直接用斧凿刻划而少修整，当是临行匆忙、无心整饬而致。

图 1-5-8 何钧、汤鼐题名拓片

---

5　清·张廷玉等撰《明史》（第 6 册）卷七十四"志第五十·职官三·行人司"，北京：中华书局，1974 年版，第 1809-1810 页。

6　清·张廷玉等撰《明史》（第 16 册）卷一百八十"列传第六十八·汤鼐"，北京：中华书局，1974 年版，第 4784 页。

# （九）高庆等题名

位于千佛洞中心柱正壁（北壁）右上。四行，两行大字，两行小字。大字每行十一字；小字所列同游之人，每行十二字，两行下缀"同游"二字。楷书。

图 1-5-9 高庆等题名拓片

……/ 之……/ 成化丁酉（1477）中秋，奉训大夫、知 / 邠州事、古平原高庆善之题。/

同知高鹏、州判谭昭、吏目裴琏、/ 学正王勉、驿丞冯瑄、大使于章，/ 同游。/

成化丁酉为明宪宗朱见深成化十三年（1477）。奉训大夫为高庆之文散阶，其职为邠州知州，皆为从五品。同知高鹏为从六品，州判谭昭为从七品；吏目裴琏为从九品，驿丞冯瑄未入流品。大使于章列其后，或为未入流之仓、织染杂造局、批验所、递运所、冶铁所等大使。

相关职级信息见《明史·职官志》载："文之散阶四十有二，以历考为差。……从五品，初授奉训大夫，升授奉直大夫。"[1] 又载："州。知州一人，从五品，同知，从六品，判官无定员，从七品。……其属，吏目一人，从九品。""州，学正一人……掌教诲所属生员""驿丞典邮传迎送之事"；税课司大使从九品，仓大使之州县、织染杂造局大使之州县、批验所、递运所、冶铁所等大使未入流[2]。

《邠州志》亦载地方政事之职制："嘉靖十九年（1540）增设知州一员，同知一员（裁革），判官一员，吏目一员，学正一员……驿丞二员，大使三员，税课大使一员（裁革）……"[3]

题名诸人，又见于《邠州志·州守》："高庆，山东陵县举人，成化八年（1472）任。以丁忧去关西，称为文章太守。"高鹏，无载；判官条目下有"谭诏"[4] 而无其他信息；裴琏，无载。又《邠州志·学职》："王勉，河南罗山县举人，成化八年（1472）任；充顺天府，同考试官。"[5] 冯瑄、于章，无载。

题名中，高庆不书山东陵县，而书古平原；一则陵县属古平原郡，二则渤海高氏为古代天下高姓之最，此处所书或指渤海高氏之郡望。

---

1　清·张廷玉等撰《明史》（第6册）卷七十二"志第四十八·职官一·吏部"，北京：中华书局，1974年版，第1736页。
2　清·张廷玉等撰《明史》（第6册）卷七十五"志第五十一·职官四·州 / 儒学 / 驿 / 税课司 / 仓 / 织染杂造局 / 批验所 / 递运所 / 冶铁所"，北京：中华书局，1974年版，第1850页、1851页、1852页、1853页。
3　明·姚本校、阎奉恩撰《邠州志》卷二"政事·职制"，康熙年间刻本，据清顺治六年（1649）刻版〔嘉靖时始撰，前有万历己亥（1599）序〕增刻，叶一。
4　按，"谭诏"当为"谭昭"之误，题刻可纠补方志文献。
5　明·姚本校、阎奉恩撰《邠州志》卷二"政事·州守 / 学职"，康熙年间刻本，据清顺治六年（1649）刻版〔嘉靖时始撰，前有万历己亥（1599）序〕增刻，叶六、叶九、叶十八。

# （一〇）李勇等题名

位于千佛洞中心柱正壁（北壁）东部中间，三行，行八字，行书。魏深、张侃二名字体与其他略有不同，似后单独补题；另据后一则"魏尚仁等题名"题刻中张侃在花芳姓名之后又可知，张侃非武略将军。

怀远将军李勇、/武略将军陈准、/忠信校尉花芳同到。/魏深、/张侃。/

李勇其人，正史无载。勾稽《明实录》可知至少有三李勇：一为丰城侯李勇，直隶定远县人，景泰四年（1453）袭父李贤爵；成化初掌中军都督府事，充京营总兵官；十四年（1478）加太子太保，为台谏所劾改南京守备；十八年（1482）九月辛酉卒，追封丰国公[1]。二李勇正德十三年（1518）壬辰任大同卫指挥同知调于湖广武昌卫[2]，十五年（1520）七月癸巳任羽林前卫指挥同知[3]。三李勇为隆庆元年（1567）五月壬申任蓟州振武营副总兵[4]，二年（1568）四月己亥署都指挥佥事充镇守总兵官，保定[5]；六年（1572）六月丁丑领本营马兵移驻紫荆关[6]。

魏深，史书无载。对照"魏尚仁题名"题刻中同样皆有花芳、张侃二人的题名看，魏深或即魏尚仁，尚仁其字，与"深"相表里，对"深"以明确指向。

陈准，亦有多人。一为直隶顺德人，为人平恕清俭，后代尚铭掌东厂，时在成化年间[7]；二为嘉靖二十四年（1545）七月甲子任内官监管理太监[8]。

张侃，《明实录》有一，嘉靖二十八年（1548）十二月癸丑由户科左给事中升为都给事中[9]。不知与题刻张侃是否一人。

花芳其人，未见史籍所载。待考。

怀远将军、武略将军皆临时所封。如《明史·职官志》载："凡各省、各镇镇守总兵官、副总兵，并以三等真、署都督及公、侯、伯充之。有大征讨，则挂诸号将军或大将军、前将军、副将军印总兵出，既事，纳之。"[10] 又，《明史·职官志》载武官散阶三十，怀远将军从三品，武略将军从五品。又载正六品有昭信校尉、承信校尉，从六品忠显校尉、忠武校尉[11]。史志虽并未记载有忠信校尉，但忠信

1 《明宪宗实录》（第5册）卷二百三十二，叶五，北京：中华书局，2016年版（据红格本影印），第3965页。
2 《明武宗实录》（第4册）卷一百二十一，叶二，北京：中华书局书局，2016年版（据红格本影印），第2432页。
3 《明武宗实录》（第5册）卷一百八十八，叶一，北京：中华书局书局，2016年版（据红格本影印），第3572页。
4 《明穆宗实录》（第1册）卷五，叶六，北京：线装书局，2005年版（据红格本影印），第232页。
5 《明穆宗实录》（第1册）卷十九，叶七，北京：线装书局，2005年版（据红格本影印），第534页。
6 《明神宗实录》（第1册）卷二，叶二四；北京：中华书局，2016年版（据红格本影印），第55页。
7 清·陈梦雷等编纂《古今图书集成·明伦汇编宫闱典》（256册）第132卷"宦寺部列传七·明一·汪直"、第133卷"宦寺部列传八·明二·陈准"，中华书局民国二十三年（1934）影印本，叶一八、叶一九。"陈准传"又见明·焦竑辑《焦太史编辑国朝献徵录》卷一百十七"寺人·陈准传"，明万历四十四年（1616）徐象枟曼山馆刻本，叶十二。收录于《续修四库全书》（第531册），上海：上海古籍出版社，2002年版，第585页（下）。
8 《明世宗实录》（第8册）卷三百一，叶四，北京：中华书局，2016年版（据红格本影印），第5722页。
9 《明世宗实录》（第8册）卷三百五十五，叶三，北京：中华书局，2016年版（据红格本影印），第6396页。
10 清·张廷玉等撰《明史》（第6册）卷七十五"志第五十二 职官五·五军都督府"，北京：中华书局，1974年版，第1857页。
11 清·张廷玉等撰《明史》（第6册）卷七十二"志第四十八·职官一·兵部·武选"，北京：中华书局，1974年版，第1751页。

校尉亦当属六品武散阶。

　　李勇一和陈准一、李勇三和陈准二皆符合挂诸号将军之可能。若《明实录》所载张侃与题刻非一人，则题刻时间在成化十四年（1478）前。若《明实录》所载张侃与题刻为同一人，那该题刻的时间或在隆庆六年（1572）之后。

　　又，根据"魏尚仁题名"题刻中，花芳、张侃名字在刘寅之后，且字号较小判断，二人当与刘寅相隔不久。刘寅其人《明实录》载弘治三年（1490）七月乙卯"复除山东按察司副使刘寅于陕西整饬肃州兵备，丁忧以服阕也"、五年（1492）八月任兵备副使 [12]，故题刻时间当在成化年间，即十四年（1478）改南京守备前。时李勇为京营总兵官后挂怀远将军号出，陈准挂武略将军出。

　　该题刻在成化十三年（1477）中秋"高庆等题名"题刻之后，又无时间，或即同时而略后所题，故时间省。

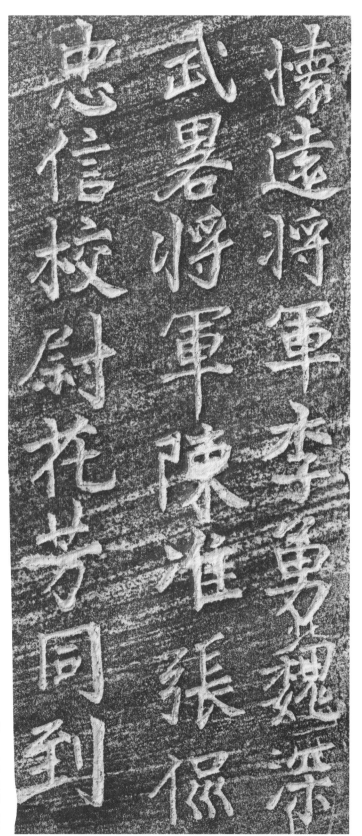

图 1-5-10 李勇等题名拓片

12　《明孝宗实录》（第 2 册）卷四十，叶一；卷六十六，叶六；北京：中华书局，2016 年版（据红格本影印），第 830 页、1268 页。

# （一一）吴鋐同游题名

位于千佛洞中心柱正壁（北壁）西侧上方。四行，前三行行十四字、十三字、十字不等，最后一行被磨去，残存最后三字，行楷书。

成化丁未（1487）岁二月九日，提兵固原凯／还，与同寅吴大器鋐游大佛阁，有／感，书此以识登临之意云。／……□启书。／

成化丁未（1487）为明宪宗成化二十三年（1487）。该题刻落款残损严重，上部被磨平；磨泐时间或在明嘉靖乙酉（1525）"王尚絅、桑溥题名一""李铎等题名"之前。此虽磨泐，但今未存题字，或因新刻字较浅故。

据残存"□启书"三字可知，题名之人名（或字）之最后一字或为"启"字，待考。

同游之人为吴大器鋐，姓吴，应是名鋐、字大器。吴鋐其人，正史无载。勾稽《明实录》等文献，大体可知其职务：

弘治十五年（1502）三月乙酉，"命西安后卫指挥、同知吴鋐（鈜，抱本作鈜）分守宁夏东路，以都指挥体统行事"[1]；十六年（1503）二月庚申，"升协守宁夏兴武营、西安后卫指挥、同知吴鋐为署都指挥佥事，充右参将，分守肃州"[2]；十八年（1505）冬十月辛巳，"肃州右参将、署都指挥佥事吴鋐以诏例实授，改往陕西都司，列衔支俸"[3]。

又，正德二年（1507）八月庚寅，"分守肃州右参将、都指挥佥事吴鋐协赞署都指挥佥事杨义整饬固原等处兵备"[4]；五年（1510）夏四月癸巳，"命庄浪右参将吴鋐充陕西副总兵"[5]；六年（1511）春正月，"参将吴鋐已故，升其子一级"[6]。

可知，吴鋐或于正德五年（1510）去世，之前皆担任武职。题名之成化丁未（1487）时，吴鋐或已为西安后卫指挥、同知。根据该题名题刻落款最后二字较其他字略大来看，或□启此人职务略高于吴鋐。

论书法的意味性，邠寺绝大多数明人题刻较此似皆有不如。题刻结字上欹侧、向背变化丰富，又将其以沉稳、洞达之意呈现出来。这在明人台阁书风笼罩下，特色独具，惜已不知书家姓名。

1 《明孝宗实录》（第5册）卷一百八十五，叶四，北京：中华书局，2016年版（据红格本影印），第3410页。
2 《明孝宗实录》（第5册）卷二〇六，叶八，北京：中华书局，2016年版（据红格本影印），第3837页。
3 《明武宗实录》（第1册）卷六，叶九，北京：中华书局，2016年版（据红格本影印），第206页。
4 《明武宗实录》（第2册）卷二十九，叶六，北京：中华书局，2016年版（据红格本影印），第745页。
5 《明武宗实录》（第2册）卷六十二，叶三，北京：中华书局，2016年版（据红格本影印），第1355页。
6 《明武宗实录》（第3册）卷七十一，叶二，北京：中华书局，2016年版（据红格本影印），第1565页。

图 1-5-11 成化丁未年题名及拓片

成化丁未岁二月九日提兵固原凯
還與同寅吴大器鋐遊大佛阁寄
感書此以識登臨之意云

成化丁未岁二月九日提兵固原凯
還與同寅吴大器鋐遊大佛阁寄
感書此以識登臨之意云

恩麻

登書

名馮

## （一二）成化残题名

位于千佛洞中心柱正壁（北壁）西侧上方。为造像龛所打破，残存两行，一行七字，一行二字。楷书，或为右行。

……□（朔？）过此，时大明成 / ……□胇 /

该题刻被造像龛打破，残缺严重。所存"大明成"三字，大体可推测题刻时间为明宪宗成化（1465—1487）时。最后二字"□胇"含义不明，似其后仍有字，今已不存。

图 1-5-12 成化残题名

# （一三）康永题记

位于千佛洞中心柱正壁（北壁）东侧上部三分之一处。五行，有提行，行一至十三字不等。楷书。

奉 / 敕守河湟都指挥康永，八载 / 致政，道经瞻谒，携家一同二十余 / 人偕行，时 / □（弘）治戊申（1488）六月五日也。/

该题刻位于千佛洞中心柱显眼处，但在前人题刻整理中多有遗落。

纪年之"弘"字有残损，但仍可推测其为弘治戊申（1488），即明孝宗朱祐樘年号之弘治元年。

康永其人，正史无载。勾稽《明实录》中史料，可知其为政情况：

成化七年（1471）十二月癸巳，时为营都指挥使[1]；九年（1473）九月壬子，时为都指挥，获命率一千五百人赴庆阳防御[2]；十二年（1476）夏四月丁酉，"以金吾右卫、带俸都指挥使康永代（李）镐充大同右参将"[3]；十三年（1477）秋七月丁亥，"以大同右参将都指挥使康永充宣府副总兵"[4]；十五年（1479）冬十月戊申，"守备山丹都指挥佥事赵杰坐虏入境杀掠人畜命"，镇守甘肃副总兵康永等皆宥之[5]。成化十六年（1480）春正月，时仍任甘肃副总兵[6]。二十二年（1486）八月丁丑，"命金吾右卫、带俸都指挥使康永充右参将，分守广西柳庆等处"[7]。

弘治元年（1488）二月己未，"守备河州、陕西都司都指挥佥事康永乞致仕，许之"[8]；八月庚子，"降陕西守备、都指挥佥事康永官一级，坐虏入河州卫境杀掠人畜，不能防御故也"[9]；九月壬戌，"降陕西都指挥佥事康永为西安卫指挥使，不得管军管事，坐守备河州虏入境失于防御也"[10]；四年（1491）四月己未，时任金吾右卫、都指挥使[11]；五年（1492）二月癸卯，"命金吾右卫、带俸都指挥使康永充右参将，分守延绥东路"[12]；六年（1493）十二月辛酉，"命故金吾右卫、带俸都指挥使康永之子懋袭原职指挥使"[13]。

可知，康永因胡虏入境杀掠而降级，不得管军事，或此即为题刻所言"致政"；此"八载"不知何意，或是指八年前的成化十五年（1479）冬十月虏入境杀掠人畜命事，时康永为副总兵，镇守甘肃；而此

1　《明宪宗实录》（第3册）卷九十九，叶十九，北京：中华书局，2016年版（据红格本影印），第1922页。
2　《明宪宗实录》（第3册）卷一百二十，叶八，北京：中华书局，2016年版（据红格本影印），第2322页。
3　《明宪宗实录》（第4册）卷一百五十二，叶七，北京：中华书局，2016年版（据红格本影印），第2782页。
4　《明宪宗实录》（第4册）卷一百六十八，叶八，北京：中华书局，2016年版（据红格本影印），第3050页。
5　《明宪宗实录》（第5册）卷一百九十五，叶七，北京：中华书局，2016年版（据红格本影印），第3447页。
6　《明宪宗实录》（第5册）卷一百九十九，叶四，北京：中华书局，2016年版（据红格本影印），第3497页。
7　《明宪宗实录》（第6册）卷二百八十一，叶二，北京：中华书局，2016年版（据红格本影印），第4735页。
8　《明孝宗实录》（第1册）卷十一，叶十二，北京：中华书局，2016年版（据红格本影印），第260页。
9　《明孝宗实录》（第1册）卷十七，叶二，北京：中华书局，2016年版（据红格本影印），第412页。
10　《明孝宗实录》（第1册）卷十八，叶一，北京：中华书局，2016年版（据红格本影印），第427页。
11　《明孝宗实录》（第2册）卷五十，叶三，北京：中华书局，2016年版（据红格本影印），第1003页。
12　《明孝宗实录》（第2册）卷六十，叶二，北京：中华书局，2016年版（据红格本影印），第1146页。
13　清·张廷玉等撰《明史》（第6册）卷七十六"志第五十二·职官五·都指挥使司"，北京：中华书局，1974年版，第1872页。

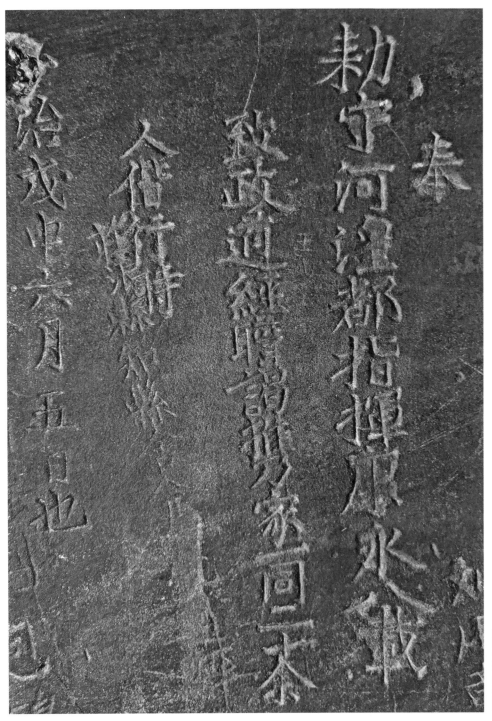

图 1-5-13 康永题名

时已不得统兵，交付兵权而为致政。康永于弘治元年（1488）二月已乞致仕，此当为由河州返回西安、途经邠州大佛寺石窟瞻谒题记。

　　守河湟，即守河州。六月经大佛寺时，其官职当为"守备河州、陕西都司都指挥佥事"，都指挥佥事为正三品；《明史·职官志》载"备倭守备行都指挥事者，不得建牙、升公座"。《明史·职官志》又载明洪武七年（1374）置西安行都卫指挥使司于河州，即为弘治元年（1488）九月壬戌所降康永之职。

# （一四）魏尚仁等题名

位于千佛洞中心柱东壁中间偏北侧上部。一行直下十三字，下有小字人名两行，各行四字。楷书。

关西道随侍官邠州魏尚仁、刘寅、／花芳、张侃、／吴守、岳同。／

魏尚仁，或即上一则"李勇等题名"题刻之魏深。刘寅、花芳、张侃、吴守、岳同当皆为随侍官。

刘寅其人，史籍所载不止一人。较符合经历者为：《明实录》载弘治三年（1490）七月乙卯"复除山东按察司副使刘寅于陕西整饬肃州兵备，丁忧以服阕也"；五年（1492）八月任兵备副使[1]。可判断题刻时间为弘治三年（1490）七月之后不久。题刻仅言"随侍官"而不言具体职务，或时尚未被任命为兵备副使。关西道，《明史·职官志》载驻平凉[2]。此题刻当为前往平凉、途经邠州所题。

花芳、张侃、吴守、岳同名字皆小，史籍无载，待考。

1　《明孝宗实录》（第 2 册）卷四十，叶一；卷六十六，叶六；北京：中华书局，2016 年版（据红格本影印），第 830 页、1268 页。
2　清·张廷玉等撰《明史》（第 6 册）卷七十五"志第五十一·职官四·分巡道"，北京：中华书局，1974 年版，第 1843 页。

图 1-5-14 魏尚仁等题名拓片

# （一五）陈瑛题记

位于千佛洞中心柱正壁（北壁）上部东侧三分之一处。八行，行一字至十六字不等，有提行，楷书。

奉／命叨守西土，每岁冬月亲率官兵于固、靖、／兰、庆等处防御。往还经此，停骖礼谒金仙，／书之以纪岁月云。／

大明弘治陆年（1493），岁在癸丑，仲冬月长至／节日，／钦差镇守陕西、右军都督府都督／同知陈瑛识。／

弘治为明孝宗朱祐樘年号，时癸丑为弘治六年（1493）。

陈瑛其人，明代不止有一。《明史·奸臣传》中所载明早期永乐时滁人[1]，非此题刻之陈瑛。《明实录》所载有二陈瑛，一为宁阳侯陈瑛，弘治九年（1496）十月癸巳前已世[2]；另一为此题记陈瑛，现勾稽其中相关信息，如下：

成化五年（1469）十二月春正月辛未，"兵马陈瑛为应天府治中行事"[3]；七年（1471）十二月癸巳，为都指挥同知[4]；十七年（1481）二月丙寅，"命后军都督同知陈瑛管中府事"[5]；十八年（1482）三月"己丑命都督同知陈瑛管右府事"[6]；二十一年（1485）三月"辛亥命右军都督同知陈瑛统步卒三万斡运京仓粟米十万石赴宣府接济军饷"[7]。弘治十二年（1499）三月乙酉"命镇守陕西、右军都督府都督同知陈瑛佩征西将军印"[8]；十三年（1500）五月乙卯，任延绥总兵官[9]；直至十五年（1502）九月丁亥仍任延绥总兵官[10]。其他经历不详。

陈瑛为钦差、镇守陕西、右军都督府都督同知，从一品大员。如《明史·职官志》载："明初，置各行省行都督府，设官如都督府。"又载："中军、左军、右军、前军、后军五都督府，每府左、右都督，正一品，都督同知，从一品。"[11]其"每岁冬月亲率官兵于固、靖、兰、庆等处防御"，即陈瑛作为钦差，直接统筹陕西都司之下的固原卫、靖虏卫、兰州卫、庆阳卫等处冬月的防御军务[12]。冬月防御，仲冬冬至日题刻，当是由固、靖、兰、庆等处防御而还，停马驻足礼佛。

1　清·张廷玉等撰《明史》（第26册）卷三百八"列传第一百九十六·奸臣·陈瑛"，北京：中华书局，1974年版，第7908页。
2　《明孝宗实录》（第3册）卷一一八，叶七，北京：中华书局，2016年版（据红格本影印），第2135页。
3　《明宪宗实录》（第3册）卷六十二，叶四，北京：中华书局，2016年版（据红格本影印），第1266页。
4　《明宪宗实录》（第3册）卷九十九，叶十九，北京：中华书局，2016年版（据红格本影印），第1922页。
5　《明宪宗实录》（第5册）卷二百一十二，叶五，北京：中华书局，2016年版（据红格本影印），第3693页。
6　《明宪宗实录》（第5册）卷二百二十五，叶六，北京：中华书局，2016年版（据红格本影印），第3867页。
7　《明宪宗实录》（第5册）卷二百六十三，叶十一，北京：中华书局，2016年版（据红格本影印），第4470页。
8　《明孝宗实录》（第4册）卷一百四十八，叶九，北京：中华书局，2016年版（据红格本影印），第2614页。
9　《明孝宗实录》（第4册）卷一百六十二，叶一，北京：中华书局，2016年版（据红格本影印），第2911页。
10　《明孝宗实录》（第5册）卷一百九十一，叶四，北京：中华书局，2016年版（据红格本影印），第3531页。
11　清·张廷玉等撰《明史》（第6册）卷七十六"志第五十二·职官五·都指挥使司/五军都督府"，北京：中华书局，1974年版，第1872页、1856页。
12　清·张廷玉等撰《明史》（第8册）卷九十"志第六十六·兵二·五军都督府所属卫所·右军都督府·在外"，北京：中华书局，1974年版，第2208页。

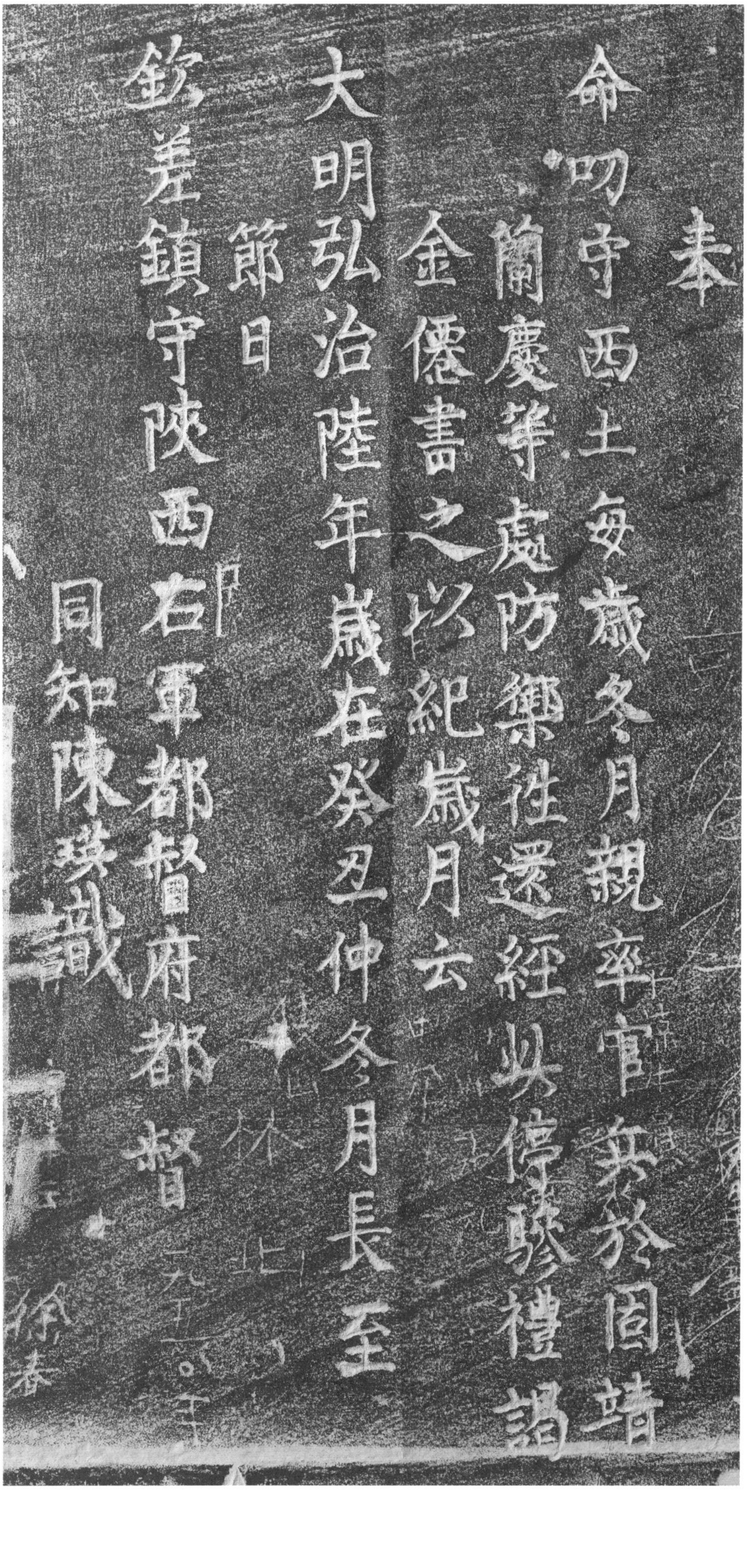

奉

命叩守西土每歲冬月親率官吏於固靖

蘭慶等處防禦徃還經烖停膦禮謁

金偑書之以紀歲月云

大明弘治陸年歲在癸丑仲冬月長至

節日

欽差鎮守陝西石軍都督府都督

同知陳瑛識

图 1-5-15 陈瑛题记拓片

# （一六）丁政装像题记

位于千佛洞东门柱南壁西侧三分之一处的中部。四行，行十三至十七字不等，有提行。楷书。

平凉府泾州高家凹第运大使丁政，系河南 / 南阳府邓州新野县人。发心装金（？）/ 圣像一尊，仰望合家人口、九□□时中 / 吉祥如意。弘治八年（1495）夏吉旦日记 /

《泾州志》载："高家凹，在太安里，州东四十五里，额设所夫三十名。""高家凹所，在治东四十里；递运所，在城；以上二所，原各设大使一员；久奉裁，今每所仍设所夫三十名。"又载："国朝额设知州一员、州判一员、吏目一员、儒学学正一员、训导一员、瓦云驿驿丞一员，前明额设训导三员，奉裁二员；原额设递运所大使一员、金家凹巡检一员，高家凹递运所大使一员，俱奉裁。"[1] 可知，丁政为平凉府泾州高家凹的第运大使为明代所特设；清代统一由瓦云驿驿丞负责。

丁政其人，史书无载。其所装像，或是东门柱南壁正中立像。惜所装金今已无存。

---

1  清·张延福撰《泾州志》上卷"地舆·乡镇""建置·公廨""官师·官制"，清乾隆十九年（1754）刻本，叶八、叶十八、叶三十一。按，太安里在州城南。

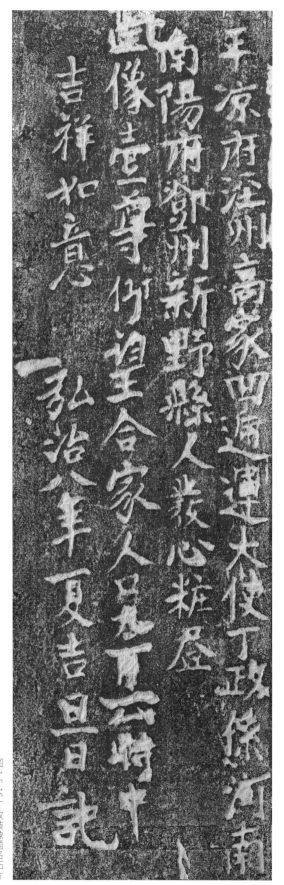

图 1-5-16 丁政装像题名拓片

# （一七）弘治十四年残题

位于罗汉洞西室西壁南侧中部。三行，行八字。

弘治十三年（1500）二月初 /……礼 / 弘治十四年（1501）龙州城□ /

残题，待考。

图 1-5-17 弘治十四年残题

## （一八）刘谨题名

位于千佛洞中心柱正壁（北壁）西侧五分之一处上部。十字，一行直下，行楷书。

敕 / 钦差 / 御用监 / 太监刘 / 谨识 /
钦差御用监太监刘谨识。/

《明史·职官志》载御用监为宦官十二监之一，设掌印太监一员。洪武三年（1370）改内使监、御用监，秩皆从三品；四年（1371），复悉差其品秩，授以散官；六年（1373），改御用监为供奉司，秩从七品，设官五人[1]。

《明史》有《刘瑾传》：刘瑾，陕西兴平人，本谈氏子，冒用中官刘姓；明武宗继位，刘瑾掌钟鼓司，后进内官监，总督团营；正德元年（1506）十月掌司礼监，五年（1510）伏诛[2]。

此"刘瑾"或即题刻之"刘谨"。但《明史》所载刘瑾掌司礼监，与此刘谨御用监不合，不确定其是否一人。若为一人，可纠补《明史》，其名为刘谨，其亦曾任钦差御用监。任御用监的时间当在掌司礼监及内官监之前、武宗继位之初的弘治十八年（1505）至正德元年（1506）十月之间，以弘治十八年（1505）的可能性为大。

又按，"孙塘题名"幂刻有小字题名数人，其文字：上有四字，横两行，行各两字"□□、/ 礼赞 /"。下有人名十三，三排，最上一排五行，其他四行："金鸿、赵纯、□祥、马□、吕祥、/ 刘□、□抃、□须、□景、/ 王完、□铎、刘忠、刘佼。/"这些人名疑为"刘谨题名"同行之人；"刘谨题名"字体本小，此题名字体更小，且都在刘谨之下。

图 1-5-18 刘谨题名拓片

1 清·张廷玉等撰《明史》（第 6 册）卷七十四"志第五十·职官三·宦官"，北京：中华书局，1974 年版，第 1819 页、1823 页。
2 清·张廷玉等撰《明史》（第 26 册）卷三百四"列传第一百九十二·宦官一·刘瑾"，北京：中华书局，1974 年版，第 9786-9792 页。

# （一九）正德元年残题

位于罗汉洞东室东壁北侧五分之一处上部，残存两行，行三字，篆书。

正德元／年（1506）□（五）□（月）／……

正德为明武宗朱厚照年号，共使用该年号十六年。正德元年（1506）为丙寅年。

该题刻残损极为严重，且正在不断脱落，露出新石。所残留"正德元"三字基本保存完好，而"年五"二字残损过半，下一字根据含义推测为"月"字，即"正德元年（1506）五月"。

图 1-5-19 正德元年残题名拓片

# （二〇）赵雄题名

位于千佛洞窟室西壁北侧造像龛内，两行，刻划较浅。

宁州望宁里能景□（圣？），／会宁县赵雄正德元年（1506）五月十九日□。／

《明史·地理志》载："会宁，府东北。元会州，属巩昌总帅府。至正十二年（1352）三月改为会宁州。洪武十年（1377）降为县，属府。东有响水，北流入大河。东有青家巡检司。"[1] 正德时延续为会宁县。赵雄其人不详，题名中不言官职，正史与《会宁县志》皆无载。

图 1-5-20 赵雄题名

---

1 清·张廷玉等撰《明史》（第4册）卷四十二"志第十八·地理三·河南、陕西·巩昌府"，北京：中华书局，1974年版，第1006页。

# （二一）豆氏父子题名

位于罗汉洞西室正壁（南壁）中间下部。三行，行十数字不等，楷书。

邠州义门里正德四年（1509）六月初六日，计／有父在四川做官，父豆□有男二人／豆□、豆□到此。／

题刻时间为明武宗朱厚照正德四年（1509）。题刻豆氏父子姓名已残，待考。

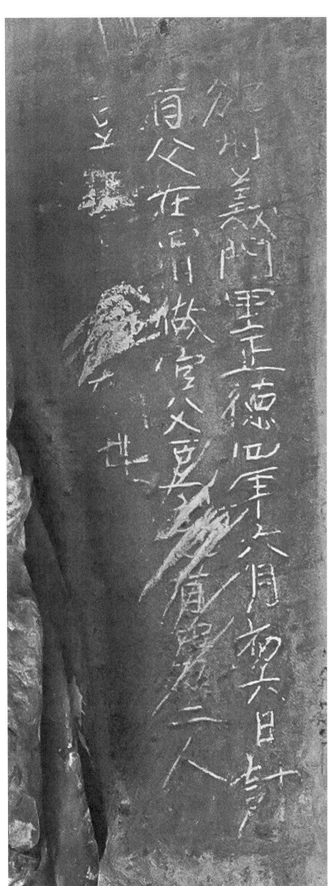

图 1-5-21 豆氏父子题名

# （二二）朱应登题记

位于罗汉洞东室西壁南侧上部。七行，前六行八至十字不等，后一行四字。行楷书。

正德壬申（1512）七月廿一日宿／干州公署，梦至一石洞／中，诸佛森立，皆生狞／可畏，心窃异之。／今至此，岂非夙缘也。邪梦之／后九日，维扬朱应登／书此记事。

正德壬申（1512）为明孝宗朱厚照正德七年（1512）。《明史·文苑传》有载："朱应登，字升之。弘治中进士，历云南提学副使，迁参政。恃才傲物，中飞语，罢归。

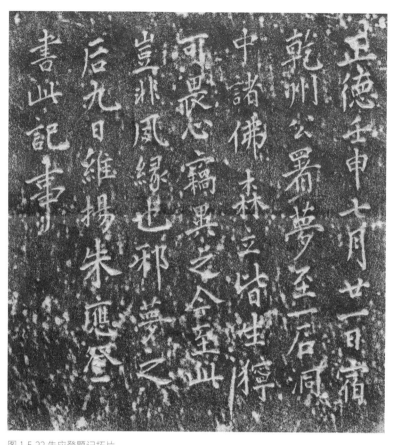

图 1-5-22 朱应登题记拓片

子日藩，嘉靖间进士，终九江知府。能文章，世其家。"[1]《明史·艺文志》载其有《凌谿集》十九卷[2]。朱应登名列弘正十才子，史籍文献记载颇多，除正史所载外，另有：

朱应登（1477—1526），宝应（今江苏扬州）人[3]，"弘治己未（1499）进士，除南京户部主事进郎中，出知延平府，以副使提学陕西，调云南寻升布政司左参政，罢归，卒[4]。"杨一清掌铨政擢陕西提学副使[5]，正德六年（1511）二月庚戌"升延平府知府朱应登为陕西按察司副使"[6]。题刻此时，朱应登其职应即陕西按察司副使。《明史·职官志》载提刑按察司按察使正三品，副使正四品。按察使掌一省刑名按劾之事，副使分道巡查[7]。乾州领武功、永寿二县，朱应登七月廿一日宿乾州公署，当即为分道巡查至乾州，九日后巡查至邠州；乾州、邠州属陕西关内道。

---

1　清·张廷玉等撰《明史》（第24册）卷二百八十六"列传第一百七十四·文苑二"，北京：中华书局，1974年版，第7356页。

2　清·张廷玉等撰《明史》（第8册）卷九十九"志第七十五·艺文四"，北京：中华书局，1974年版，第2472页。

3　有关朱应登的研究见刘延乾著《江苏明代作家研究》第七章"文化家族中的作家（二）·朱应登"，南京：东南大学出版社，2010年版，第341-343页。

4　清·陈梦雷等编纂《古今图书集成·明伦汇编氏族典》（346册）第七十四卷"朱姓部列传十·明七"，中华书局民国二十三年（1934）影印本，叶三十七（下）。

5　清·刘于义等撰《敕修陕西通志》卷五十二"名宦三·监司"，雍正十三年（1735）刻本，叶十九。

6　《明武宗实录》（第3册）卷七十二，叶十二，北京：中华书局，2016年版（据红格本影印），第1601页。

7　清·张廷玉等撰《明史》（第6册）卷七十五"志第五十一·职官四·提刑按察使司"，北京：中华书局，1974年版，第1840页。

# （二三）朱应登题名

位于千佛洞中心柱西壁南侧上部。一行直下，十字，隶书。

凌谿朱子应登，过此瞻奉。/

此即朱应登题名，与上一则题刻中朱应登为同一人。朱应登号凌谿，文集为《凌谿集》。

正德壬申（1512）七月三十日游石窟，题名、题记分两处，千佛洞内题名，罗汉洞内题记。千佛洞内该题名，用隶书题，端庄厚重；此隶书风格为明人隶书之典型特征，多方折，并带有篆意。

图 1-5-23 朱应登题名拓片

# （二四）赵钺题名

位于千佛洞窟室西壁中间上部。一行直下，十三字，楷书。

正德七年（1512）八月，长安官医赵钺游。/

　　《明史·职官志》载："太祖初，置医学提举司，设提举，从五品，同提举，从六品，副提举，从七品，医学教授，正九品，学正、官医、提领，从九品。……洪武三年（1370），置惠民药局，府设提领，州县设官医。凡军民之贫病者，给之医药。"[1] 赵钺为长安官医。

　　赵钺其人，史书无载。千佛洞中心柱正壁正中处"汪辅之等题名"下有"咸宁赵钺"，明"曹琏《咏大佛》诗"碑刻末亦有"……长安赵钺□……"三题刻之赵钺当是同一人，题刻之用笔、结体相近。

图 1-5-24 赵钺题名拓片

1　清·张廷玉等撰《明史》（第六册）卷七十四"志第五十·职官三·太医院"，北京：中华书局，1974 年版，第 1813 页。

## （二五）正德七年残题

位于千佛洞中心柱正壁（北壁）东侧四分之一处中上部，残存一行相对清晰。当为后世磨去幂刻残存。

正德七年（1512）大同代府内臣杨□□/……

残损严重，待考。

图 1-5-25 正德七年残题

## （二六）正德八年残题

位于千佛洞中心柱正壁（北壁）东侧四分之一处中上部，残存三行，当为后世磨去幂刻残存。

……/ 州……行□（都）……道□/ 州庠生□□/ 正德八年（1513）九月

□□□□□□□ /

残损严重，待考。

图 1-5-26 正德八年残题

# （二七）窦羹、严守中题名

位于千佛洞窟室东壁北侧上部。五行，两题名各占两行，另一行落款。行五至九字不等，楷书。

署郃所义官窦羹，/ 因公差到此。/
郃工吏临潼严守中，/ 因差改字到此。/
嘉靖三年（1524）六月五日书。/

嘉靖为明世宗朱厚熜年号，嘉靖三年（1524）为甲申年。

此郃所不知为郃之何所，暂时代理郃所，亦不入流之职。窦羹、严守中其人皆于正史、地方志无载。二人或因差到此，两"因"字结体相似，特征鲜明，当为一人题写。

图1-5-27 窦羹、严守中题名拓片

## （二八）苍谷子题名

位于罗汉洞东室东壁中间偏北的上部。六行，行三字，最后一行一字。隶书。

明嘉靖 / 乙酉（1525）冬 / 仲月十 / 日，苍谷 / 子过此 / 题。/

苍谷子为明代文学家王尚絅之别号。典籍记载颇多，如《河南通志》《浙江通知》《陕西通志》《郏县志》《万姓统谱》等。《洛学编》有其传：王尚絅，字锦夫，郏县人，著有《苍谷集》十二卷，薛方山曰"苍谷文追秦汉，诗逼苏李"[1]。

图 1-5-28 苍谷子题名拓片

《郏县志》收录有明王綖撰《明故浙江右布政使苍谷王子墓铭》，记载其详细经历：

成化戊戌（1478）十月生；弘治乙卯（1495）举河南乡贡，壬戌（1502）登进士第，调兵部职方主事；正德戊辰（1508）调吏部稽勋，壬申（1512）春调左参政于山西，戊寅（1518）调四川左参政（不起）；嘉靖乙酉（1525）调山（陕）西左参政[2]，己丑（1529）调山西，庚寅（1530）调浙江右布政使，嘉靖辛卯（1531）冬卒[3]。

《苍谷全集》附录部分除明王綖撰墓志铭外，另有《苍谷先生读书堂记》（佚名）、《王布政公传》（孙奇逢撰）、《王布政尚絅》（刘宗泗撰）、《祭苍谷王公文》（潘思光）等文[4]，可有助于了解王尚絅。

根据其他文献及今学者研究可知，嘉靖四年乙酉（1525）王尚絅调任陕西左参政，助杨一清剿寇有功。根据其文集，又可知此为其赴陕到固原途中，经灵宝、渭南、礼泉，九月到乾州，再到麟游、凤翔、永寿、邠州、崇信、平凉、固原。王尚絅经邠州，留有《邠州清卷》诗[5]。

该题刻时在嘉靖四年乙酉（1525）十一月十日，可补文献所载之不足，确定其所经邠州之具体日期。

---

1  清·汤斌撰《洛学编》卷四"明·王苍谷先生"，清乾隆元年（1736）汤定样刻本，叶六十七至叶六十九。收录于《续修四库全书》（第515册），上海：上海古籍出版社，2002年版，第156页（下）-157页（下）。

2  此"调山西官"，当为"调陕西官"，见《苍谷全集·附录·明故浙江右布政使苍谷王子墓铭》，乾隆二十三年（1758）王纯密刻本，叶二。

3  清·姜簧纂修《郏县志》卷十一"艺文志·明故浙江右布政使苍谷王子墓铭（前明·王綖）"，咸丰九年（1859）刻本，叶四十一至四十四。

4  明·王尚絅撰《苍谷全集·附录》，乾隆二十三年（1758）王纯密刻本，叶八至一六。

5  参阅杨辉《王尚絅年谱》，西北大学 2016届硕士学位论文，第38-42页。按，《邠州清卷》诗在明·王尚絅撰《苍谷全集》卷二"五言古诗"，乾隆二十三年（1758）王纯密刻本，叶二十一。

# （二九）桑溥题名

位于罗汉洞东室东壁中间上部，在"苍谷子题名"右侧。横排一行，楷书。

泽山桑溥继至。/

图 1-5-29 桑溥题名拓片

泽山为桑溥之斋号，其来历见明朝尚书苏祐撰《泽山草堂记》："颛帝之墟有历山雷泽遗迹，盖舜侧微时耕渔处也。总臬大夫桑子，旧家其间，乃取以名其读书之屋为泽山草堂云。"《濮州志》又记桑溥建有泽山书院[1]。

桑溥之简历，《濮州志》有载："桑溥，字汝公。其先凤阳临淮人，六世祖元御史中丞梓谪雷泽令，因家于濮。父春，襄阳府推官，见"明经传"。溥中正德甲戌（1514）进士，初任华州守。……嘉靖癸未（1523）擢陕西按察佥事，寻升固原兵备副使……改授浙江按察使；明年入觐，以忤浙中权贵落职，还濮。"[2]

《明世宗实录》载：嘉靖四年（1525）十月壬子，"升陕西按察司佥事桑溥、汉中府知府张钦俱本司副使，从提督杨一清荐也"[3]。该题刻言"继至"，时当桑溥由陕西按察佥事升任固原兵备副使、赴任途中，故于王尚絅题刻之右续题，且不言职务。时间当晚于王尚絅经过的冬仲月十日、早于二人同游之季冬。《关中奏议》载："据陕西按察司、整饬固原兵备副使桑溥呈嘉靖四年（1525）十二月十八日钦奉敕：今特命尔前去固原、高桥、靖边等处专一往来巡历，抚安土达，仍整饬固原、靖边、甘兰等处兵备。……"[4]判断桑溥题刻于与杨一清、王尚絅等会合于固原的十二月十八日前后。

又，嘉靖六年（1527）十一月丙戌，"提督陕西三边、尚书王宪言固原兵备桑溥近以功升按察使"[5]。可知其任固原兵备副使时间在嘉靖四年（1525）十月至嘉靖六年（1527）十一月之间。

---

1 清·邵世昌纂修《濮州志》卷六"艺文考·文类·郡人尚书苏祐撰泽山草堂记"、卷二"学校志·附书院"，乾隆二十年（1755）刻本，叶十九、叶三十八。

2 清·邵世昌纂修《濮州志》卷三"乡贤记·明"，乾隆二十年（1755）刻本，叶七十四至七十五。

3 《明世宗实录》（第2册）卷五十六，叶八，北京：中华书局，2016年版（据红格本影印），第1365页。

4 明·杨一清撰《关中奏议》卷十八"提督类·一为边务事"，叶三十一。景印文渊阁四库全书，第428册，第547页（上）。

5 《明武宗实录》（第3册）卷八十二，叶五，北京：中华书局，2016年版（据红格本影印），第1837页。

# （三〇）王尚絅、桑溥题名（一）

位于千佛洞中心柱正壁西侧上部、项忠题记中间处。两行，一行十三字（第十四字被另一题刻外方格粗线磨泐破损，字画较其他字平浅，但仍可辨），一行十二字。楷书。

明嘉靖乙酉（1525）季冬，参政郏鄏王尚□（絅）、/ 副使帝丘桑溥按部过此。溥题。/

前文已经梳理了王尚絅、桑溥的相关情况，此处不再过多赘述。此处参政即指王尚絅时任陕西左参政，副使即泽山桑溥时任固原兵备副使。

该题刻与后一则题刻当为同时，闰腊月廿七日，二人途经邠寺，特记二人“按部过此”于千佛洞中心柱正壁（北壁），而于中心柱东壁小字另有题名并记同游之人。郏鄏，或即郏县之古地名。

前二通题刻已考证较细，此处不再赘述。

图1-5-30王尚絅、桑溥题名（一）拓片

# （三一）王尚絅、桑溥题名（二）

位于千佛洞中心柱东壁中间偏南。一行直下，后有小字人名两行。楷书。下部残损，日益严重。

大明嘉靖乙酉（1525）闰腊月廿七日，守巡参政苍谷王尚絅、副使泽山桑溥……游。侍（？）□（史？）/麻世强、梁大臣（？）、/冯霑恩、杨霑同。/

前文已经梳理了王尚絅、桑溥的相关情况，此处不再过多赘述。此处守巡参政即指王尚絅时任陕西左参政，副使即泽山桑溥时任固原兵备副使。

前者王尚絅经过题刻，后桑溥继至，二人当在固原会合。其后一同返回，再次途经邠寺。《苍谷全集·关山雪》序言："乙酉（1525）冬闰月既望，予以分守、桑宪副汝公以兵备同事，冒雪固原，送总制太傅杨公东还。……岁除，携雨山大巡云集奉天（今陕西乾县）。"[1]此闰月既望即闰腊月十六日，二人尚在固原；其后闰腊月廿七日，二人途经邠佛，两日后岁除二人到达乾县。

其下，又有两排小字人名，史无载；据"李铎等题名"可知当为同游之洮州卫地方官。

图 1-5-31 王尚絅、桑溥题名（二）拓片

---

1　明·王尚絅撰《苍谷全集》卷二"无言古诗"，乾隆二十三年（1758）王纯密刻本，叶二十二。

# （三二）李铎等题名

位于千佛洞中心柱正壁（北壁）西侧上方。于石壁余空处题写，七行，前两行各八字，后字数渐少，最后一行仅有一字，楷书。

洮州卫户房吏李铎，／掾史王秩、朱许、邓朝／选，王世隆、／田子虎、孙继／名、冯霭／恩、麻世／强／

明洮州卫属陕西都司，《明史·地理志》载：洮州卫"元洮州，属吐蕃宣慰司。洪武四年（1371）正月置洮州军民千户所，属河州卫。十二年（1379）二月升为洮州卫军民指挥使司，属陕西都司[1]。"户房吏、掾史于邠州大佛题名，或为前往西安途中。题刻时间当在"王尚絅、桑溥题名一"的嘉靖乙酉（1525）闰腊月之后，即随王尚絅、桑溥前往西安途中。

题刻人名不详，官职较低，地方志无载。

李铎或为户房司吏，《宛署杂记》载："吏：悉从封司拨外省役满者参充，满即起送冠带；缺则申部拨补，如在京各衙门之例。本县吏三十八名：……户房司吏一名、典史二名。"[2]

掾史之职，《明史·职官志》无载。此题名之掾史，当承元代。《元史·选举志》载："矧夫儒有岁贡之名，吏有补用之法，曰掾史、令史，

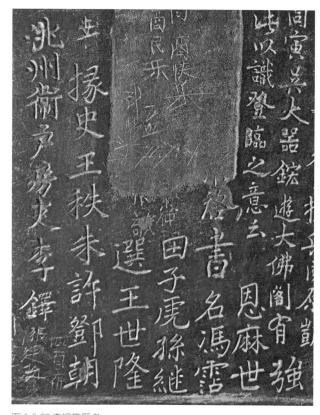

图 1-5-32 李铎等题名

曰书写、铨写，曰书吏、典史，所设之名，未易枚举，曰省、台、院、部，曰路、府、州、县，所入之途，难以指计。"[3] 此掾史数人，列户房吏之后，其职最高为州掾史，当与户房吏之职务有相似处。又或因跟随王尚絅、桑溥等，是与兵备有关之书吏。

---

1　清·张廷玉等撰《明史》（第 4 册）卷四十二"志第十八·地理三·陕西·洮州卫"，北京：中华书局，1974 年版，第 1011 页。

2　明·沈榜编著《宛署杂记》第三卷 光字"职官·吏"，北京：北京古籍出版社，1980 年版，第 24 页。

3　明·宋濂等撰《元史》（第 7 册）卷八十一"志第三十一·选举一"，北京：中华书局，1976 年版，第 2016 页。

# （三三）王万良题名

位于千佛洞窟室东壁中部[1]。一行直下，十四字。

嘉靖十年（1531）五月二十八日朝 王万良 /

王万良其人，查无考。

---

1 参阅常青《彬县大佛寺造像艺术》"第七章 石佛礼赞"，北京：现代出版社，1998 年版，第 297 页。

## （三四）顾铎题名

位于千佛洞中心柱正壁（北壁）中部偏右（东）上侧。一行直下十一字，行书。

山东博兴南田山人顾铎来。/

顾铎其人，正史无传。《大清一统志》《山东通志》《陕西通志》《河南通志》《浙江通志》等皆有载。其中以《博兴县志》所载为最详，节录如下：顾铎，字孔振，玉之孙。举进士，授浙江山阴令；出为汝宁太守，升信阳兵备副使，命出陕西，行太仆之命，饬理马政[1]。《青州府志》亦基本全录之[2]。

另有一些其他文献，可进一步增补顾铎信息：

《山东通志》载顾铎正德丁丑（1517）进士，仕至少卿[3]。《河南通志》载："顾铎，山东人嘉靖十年（1531）任。"[4] 其河南任命在嘉靖十年（1531），其后即赴陕西，此题刻当即在嘉靖十年（1531）后不久。

又，《明实录》载正德四年（1509）八月戊寅"命金吾左卫指挥使顾铎守备阶文地方以都指挥体统行事"[5]。彼时顾铎尚未中进士，时间不符，彼顾铎当为另一人。

此题刻并无官职，只简单记有籍贯，或即方志中所言"其官仕途视为冷局"，赴陕西而无官，只有行命。而其他方志多言其官至太仆寺少卿，有待进一步考证。

南田山人当为其号。此题刻较其他明人题刻书法意味强，内擫而又有使转，为明人题刻中少有的纵逸之笔。

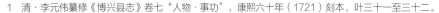

1　清·李元伟纂修《博兴县志》卷七"人物·事功"，康熙六十年（1721）刻本，叶三十一至三十二。

2　清·陶锦纂修《青州府志》卷十六"事功·明"，康熙六十年（1721）刻本，叶十七至十八。

3　清·赵祥星纂修《山东通志》卷二十四"职官一·选举·进士·正德·丁丑科"，康熙四十一年（1702）刻本，叶二十六。

4　清·田文镜主纂《河南通志》卷三十二"职官三·各府知府·开封府"，光绪二十八年（1902）刻本，叶一。

5　《明武宗实录》（第2册）卷五十三，叶五，北京：中华书局，2016年版（据红格本影印），第1209页。

图1-5-34 顾铎拓片

# （三五）高尚志等题名

位于千佛洞窟室东壁中部偏南中间。九行，行四字、二字不等。风化破损极为严重。

邠州官舍 / 高尚志、/ 高人 / 邠（？）摩□（高）□ / 成鸾，/ 高通 / 同观，/ 丁酉岁中秋 / 月吉日游。/

　　高尚志其人，《冠县志》有载："高尚志，字德崇，嘉靖壬辰（1532）进士，授濬县令，升礼部主事，直文渊管理，诰勅出为平凉知府、河东运使，有俊才。"[1] 不知此高尚志是否与题刻同一人。

　　若同一人，题刻时间丁酉年即嘉靖十六年（1537）。因题刻风化残损过于严重，除高通外，其他人名难辨；又大体可推测，似高尚志之同宗同游，待考。

图 1-5-35 高尚志等题名原石

---

1　清·梁永康纂修《冠县志》卷八"人物志·忠勤·明"，道光年间稿本，叶十五。

# （三六）严缙、曹宗道题名

位于千佛洞窟室东门柱南壁上部西侧。方格，七行，行六格；五行行五字，其他行一字、四字；底行空格无字。楷书。

邛州儒学官 / 舍苍溪严缙、/ 廪膳生员曹 / 宗道同游，/ 嘉靖戊戌（1538）夏 / 六月初十日 / 题。/

据《邛州志·庙学图》方位分布，邛州儒学在州城中南，文庙以东、先师庙西南。又，为元万寿宫改，《邛州志·公署》载："儒学，在州治西，旧在州东门外。洪武六年（1373）判官莫彦英改元万寿宫为今学。余见图。"《邛州志》为嘉靖年间初纂修，元万寿宫之地，或即此所说邛州儒学之处。有关邛州儒学之职能，《邛州志·学校》载："邛州儒学为举复名宦、乡贤，以隆祀、典事。"严缙其人，或即《邛州志》之严崇义："四川苍溪县

图 1-5-36 严缙、曹宗道题名拓片

监生，嘉靖十七年（1538）以安山县训导升任。平易近人，表里一致，己亥（1539）冬十有口日卒于官，年七十。"[1]崇义或为其名，缙或为其字；严缙为邛州儒学官舍，具体职务为儒学学正。严缙初升任邛州学正，即游邛州大佛，据题刻知其升任时在嘉靖十七年戊戌（1538）六月初十日前，可增补县志。

《邛州志·职制》载邛州于嘉靖十九年（1540）添设廪膳生员三十名。《邛州志·岁贡·会选》载："曹宗道，字希正，安道里人，卒。"[2]安道里即今陕西户县。

---

1 明·姚本校、阎奉恩撰《邛州志》卷一"土地卷之一·庙学 / 公署 / 学校"、卷二"政事卷之二·学职·学正"，康熙刻本，据清顺治六年（1649）刻版〔嘉靖时始撰，前有万历己亥（1599）序〕增刻，叶五、叶六、叶三十四，叶三十九；叶十八。

2 明·姚本校、阎奉恩撰《邛州志》卷二"政事卷之二·职制"、卷三"人物卷之三·岁贡"，康熙刻本，据清顺治六年（1649）刻版〔嘉靖时始撰，前有万历己亥（1599）序〕增刻，叶一、叶十九。

# （三七）杜怀等题记

位于千佛洞东门杜西壁南侧。一行直下，其男、孙之名字字体较小。所舍之文字分两行。又，"杜良臣"三字右侧另有三行，"刊石"左侧似为两人名。楷书。

嘉靖十九年（1540）十月初七日镇原县显圣里信士杜怀，男／杜良邦、／杜良祖、／杜良臣，／孙杜善仓，同舍：粟谷壹百石、白银八十两。／□（园）□（堂）、／□（园）□（聪）／刊石／

《明史·地理志》载：镇原，在平凉府东北。元为镇原州，属巩昌总帅府[1]。镇原即今甘肃庆阳，镇原即今镇原县。《镇原县志》载显圣为明镇原县所辖二十里之一；崇祯元年（1628）截为十里（里名无徵），清朝并为四里，其中显圣里与平泉里、遥现里、新城里并为舒长里[2]。

题记所列人名，《镇原县志》无载。

杜良邦、杜良祖、杜良臣当为杜怀之子，三子之姓名依次横排，笔画较浅；杜善仓为杜怀之孙，字体小亦浅。

杜良臣之右另有两排，此两排当为两人名，各二字，人名第一字虽笔画浅显不清，但可判断为同一字；此二人排最外侧，后缀"刊石"，或同游之人，或寺僧。又，因杜怀为信士，舍粟谷、白银，类似于发愿文题记，只是无祈祷之类话语。

"□（园）□（堂）、□（园）□（聪）刊石"或为宋代原有，如叶昌炽所判断为宋智周前一刻之文字[3]。

1 清·张廷玉等撰《明史》（第4册）卷四十二"志第十八·地理三·河南、陕西·平凉府"，北京：中华书局，1974年版，第1004页。
2 清·李从图纂《镇原县志》卷八"地理志第三·疆域·里"，道光二十七年（1847）刻本，叶一至二。
3 见清·叶昌炽撰《邠州石室录》卷二"宋·智周叔侄题名 附杜良臣题名"，民国四年（1915）吴兴刘氏嘉业堂刻本，叶四十四。

图 1-5-37 杜怀等题记及拓片

## （三八）李节题名

位于千佛洞中心柱正壁（北壁）西侧上部。一行直下十七字，楷书。

钦差雁门等三关游击将军洮阳李节题此。/

三关，即雁门关、宁武关和偏关，如《明史》有载："成化十一年（1475）十二月置偏头关守御千户所，与宁武、雁门为三关。"[1]

李节任游击将军，并无品级，由朝廷委任以钦差之职。《明史·职官志》载："总兵官、副总兵、参将、游击将军、守备、把总，无品级，无定员。""镇守山西总兵官一人，旧为副总兵，嘉靖二十年（1541）改设，驻宁武关。防秋移驻阳方口，防冬移驻偏关。……游击将军一人……"[2] 李节作为钦差游击将军，于不同时节在三关移驻防守。

李节其人，其他史籍文献有简单记载。

《明实录》载：嘉靖十三年（1534）闰二月壬戌"起浙江都司掌印署都指挥金事李节复原任"[3]；嘉靖二十九年（1550）九月乙未时为漕运参将[4]；隆庆元年（1567）五月乙丑"升五军营练勇参将李节金书南京右府事"[5]。万历元年（1573）十二月辛酉"以分守陕西、兰州地方参将李节充右副总兵分守延绥定边等处"[6]。《陕西通志》载其为临洮人，万历年任延绥西协副总兵[7]。

据副总兵、参将、游击将军的职秩高低顺序判断，李节题刻时间或在嘉靖二十九年（1550）之前。其时，或李节由西北经邠州而前往雁门三关上任。

1　清·张廷玉等撰《明史》（第4册）卷四十一"志第十七·地理二·山西·太原府·河曲"，北京：中华书局，1974年版，第959页。

2　清·张廷玉等撰《明史》（第6册）卷七十六"志第五十二·职官五·总兵官"，北京：中华书局，1974年版，第1866页、1868页。

3　《明世宗实录》（第6册）卷一百六十，叶三，北京：中华书局，2016年版（据红格本影印），第3578页。

4　《明世宗实录》（第7册）卷二百五十三，叶八，北京：中华书局，2016年版（据红格本影印），第5081页。

5　《明穆宗实录》（第1册）卷五，叶七，北京：线装书局，2005年版（据红格本影印），第229页。

6　《明神宗实录》（第1册）卷二十，叶三；北京：中华书局，2016年版（据红格本影印），第548页。

7　清·刘于义等撰《陕西通志》卷二十二"职官三·明"，雍正十三年（1735）刻本，叶五十六。

图 1-5-38 李节题名拓片

# （三九）豫轩子题名

位于千佛洞中心柱正壁（北壁）西侧四分之一处中上部。纪年题名一行直下，二十字；另有小一号十一字。姓名、职务题名在纪年题名中间部分的左侧，两行，行六字。楷书，隶意。

明嘉靖三十年（1551）春三月中旬一日豫轩子西行游此。跟随吏承贾□、王承瑞、温家。/

豫轩刘子世用，/ 时为按察副使。/

豫轩子刘世用，刘世用为名，号豫轩，正史无载。勾稽方志文献，可知其生平：

《束鹿县志》载：刘世用，河北束鹿人（今辛集市），嘉靖壬辰（1532）科进士，任布政司参政[1]。

又，《兴安州志》载："刘世用，号豫轩，直隶人；建尊经阁，修万春洞。"另收录其诗一首："天柱山 明兴安州守刘世用，道字豫轩，嘉靖庚戌（1550）虚惊莫笑杞人愚，小补还惭练石迁。万古柱天不自伐，苍苍未与众山殊。"[2]

地方文化研究成果中，有刘世用相关情况介绍，可增补《束鹿县志》和《兴安州志》：刘世用，嘉靖二十六年（1547）以陕西省布政使按察使副使任分守关南道；为金州购买经史子集等书，创建尊经阁贮之；有白河进士柴儒为撰《尊经阁碑记》志之；所修茸万春洞古迹、天柱山道路，皆惠政于民[3]。

《明史·职官志》载提刑按察司按察使正三品，副使正四品。按察使掌一省刑名按劾之事，副使分道巡查[4]。此题名即为刘世用任按察副使后巡行西北所题。跟随吏人不详，待考。

图 1-5-39 豫轩子题名及拓片

1 清·沈乐善纂《束鹿县志》卷七"选举志·进士·明"，嘉庆四年（1799）刻本，叶三。

2 清·王希舜纂《兴安县志》卷三"职官志·巡抚·明"，卷四"艺文志·题咏"，康熙三十四年（1695）刻本，叶五，叶七。按，刘世用题诗碑碣今藏安康博物馆。又按，兴安州，明初为金州，今安康。

3 李厚之、张会鉴、郑继猛纂辑《安康历代名人录》"明·刘世用"，西安：三秦出版社，2010年版，第108页。

4 清·张廷玉等撰《明史》（第6册）卷七十五"志第五十一·职官四·提刑按察使司"，北京：中华书局，1974年版，第1840页。

# （四〇）孙塘题名（附小字题名）

　　位于千佛洞中心柱北壁西侧四分之一处上部。两行，行九字、八字。楷书。尚有小字，被幂刻其下。上有四字，横两行，行各两字："□□、/ 礼赞。"下有人名十三，三排，最上一排五行，其他四行："金鸿、赵纯、□祥、马□、吕祥、/ 刘□、□扑、□须、□景、/ 王完、□铎、刘忠、刘佼。"/ 这些人名疑为"刘谨题名"同行之人（按，从字体风格判断，非唐人题刻）；"刘谨题名"字体本小，此题名字体更小，且都在刘谨之下。

明嘉靖辛亥（1551）季夏，进士古抗（杭）孙塘，督饷经此。/

　　嘉靖辛亥（1551）为嘉靖三十年（1551）。

　　孙塘，《浙江通志》有载："嘉靖二十九年庚戌（1550）科唐汝辑榜孙塘，杭州右卫人，兵部郎中。"[1] 此孙塘应即题名之孙塘，古抗或即古杭。嘉靖三十年（1551），即孙塘中进士的第二年，时或尚未被任命兵部郎中，督饷经过并题字于此，故未题写职务。

　　小字题名，或为"刘谨题名"部分。

---

1　清·嵇曾筠等纂《浙江通志》卷一百三十二"选举十·进士"，乾隆元年（1736）刻本，叶二十。

图 1-5-40 孙塘题名拓片

# （四一）王陞题记

位于千佛洞中心柱正壁（北壁）与西壁转折棱角处。一行直下二十一字，楷书。

时嘉靖辛亥（1551）季冬月西安后卫指挥使王陞因防守题记。/

嘉靖辛亥（1551）为嘉靖三十年（1551）。

王陞其人，历史所载颇多。《陕西通志》载二，皆将材，一为"西安卫人，延绥西路参将"，一为"榆林人，历宁夏总兵"[1]。此题记之王陞，当即"西安卫人，延绥西路参将"之王陞，其时任后卫指挥使，尚未为参将。

《明史·职官志》载："明初，置拱卫司，秩正七品，管领校尉，属都督府。后改拱卫指挥使司，秩正三品。寻又改为都尉司。洪武三年（1370），改为亲军都尉府，管左、右、中、前、后五卫军士，而设仪鸾司隶焉。"又载，明洪武七年（1374）置西安行都卫指挥使司于河州[2]。

西安后卫指挥使，属拱卫指挥使司，与中央拱卫司设置相似，亦包括五卫指挥使。其后，王陞任延绥西路参将，为镇守延绥之六分守参将之一。此题记当为王陞防守往返之时所题，其职务可补史志。

又，此题记中"时"字，写法多为元人题刻所用。题记字体为楷书，结体宽博，用笔拙厚，当为借鉴颜体一路。

图 1-5-41 王陞题记

1　清·刘于义等撰《陕西通志》卷三十三"选举四·将材·明"，雍正十三年（1735）刻本，叶三十一、叶三十二。

2　清·张廷玉等撰《明史》（第6册）卷七十六"志第五十二·职官五·锦衣卫/都指挥使司"，北京：中华书局，1974年版，第1862页、1872页。

# （四二）李延康题名

位于千佛洞中心柱西壁北侧上部。打破原有唐经刻《佛说温室洗浴众僧经》之残存界格与文字，而幂刻其上。两行，行十一字，楷书。

嘉靖壬子（1552）春正月，抚治商洛、/ 右参议潞安李延康经此题。/

嘉靖壬子（1552）为嘉靖三十一年（1552）。李延康其人，正史无载。史籍文献以《山西通志》《潞安府志》记载最为详细。

《山西通志》载："李延康，字允吉，长治人。进士延馨弟，嘉靖壬辰（1532）进士，授汝宁府推官。有刚直声，擢监察御史，按陕西，再按顺天。出为河南佥事、陕西参议。治汝宁豪狱，及商雒矿徒，皆不肯滥及无辜。后以湖广参政告归，卒。延康祖安定知县翥，父雒南县丞玹，皆有遗爱。"[1]《潞安府志》所载更详，亦提及其"为人刚直不挠，所历皆法司；及治商雒矿徒，不肯及无辜"[2]。据《山西通志》及《潞安府志》所载，可知此题名中，李延康以陕西参议之职，前往治理商雒矿徒事。

据《明史·职官志》载明洪武九年（1376）改陕西行省为承宣布政使司，改参知政事为布政使；十三年（1380）改布政使为正三品，参政从三品；十四年（1381）增置左、右参议，正四品[3]。李延康职级正四品。

---

1　清·觉罗石麟纂《山西通志》卷一百一十三"人物十三·潞安府·明"，雍正十二年（1734）刻本，叶十七。
2　清·杨昚纂《潞安府志》卷十一"人物五·明贤·明"，顺治十六年（1659）刻本，叶八十一。
3　清·张廷玉等撰《明史》（第6册）卷七十五"志第五十一·职官四·承宣布政使司"，北京：中华书局，1974年版，第1840页。

图 1-5-42 李延康题名拓片

## （四三）薛凤题名

位于千佛洞中心柱西壁北侧下部。打破原有唐经刻《佛说温室洗浴众僧经》之残存界格与文字，而幂刻其上。两行，一行十字，一行九字，楷书。

嘉靖癸丑（1553）闰三月咸阳县／知县通江薛凤经此题。／

嘉靖癸丑（1553）为嘉靖三十二年（1553）。明时，县设知县一人，正七品，掌一县之政[1]。

薛凤其人，《咸阳县志》有载："薛凤，四川重庆府巴县监生，嘉靖三十五年（1556）任。"[2]《通江县志·选举制》中"贡生"部分亦载其为咸阳知县[3]。

此题名题刻中，言薛凤为咸阳知县时间为嘉靖三十二年（1553），早于县志所载之三十五年（1556），可纠《咸阳县志》所载之误。

图1-5-43 薛凤题名拓片

---

1　清·张廷玉等撰《明史》（第6册）卷七十五"志第五十一·职官四·承宣布政使司"，北京：中华书局，1974年版，第1850页。

2　清·臧应桐纂《咸阳县志》卷十"官师·县令·明"，道光十六年（1836），叶八。

3　清·李钟峨纂《通江县志》卷七"选举志·贡生·明"，道光二十八年（1848），叶九。

## （四四）鹤松金第题名

位于千佛洞中心柱正壁（北壁）东侧中上。一行直下二十一字，行楷书。

大明嘉靖丙辰（1556）岁，都指挥汉南鹤松金第，因取边过此。/

　　嘉靖丙辰（1556）为嘉靖三十五年（1556）。《明史·职官志》载：洪武七年（1374），置西安行都卫指挥使司于河州。八年（1375）十月，诏各都卫并改为都指挥使司。都指挥使，正二品。又载："都司，掌一方之军政，各率其卫所以隶于五府，而听于兵部。"[1]

　　汉南，当为汉南郡，即今陕西安康。史籍中有其他朝代名"金第"者，此金第或为其姓名。待考。

图 1-5-44 鹤松金第题名拓片

---

1　清·张廷玉等撰《明史》（第 6 册）卷七十六"志第五十二·职官五·都指挥使司"，北京：中华书局，1974 年版，第 1872 页。

# （四五）马汝骥题记

位于罗汉洞东室东壁北侧上部。六行，每行字数不等；楷书。

嘉靖丙辰（1556）冬东渤山人马汝骥重游，忆丁未（1547）
已十年矣。/
屯田道佥事马置买到刘允荐田地三亩五分，典 / 价白银四
两整，其地随带夏秋粮一斗六升，永远为 / 常住之业，故
碑记。/
大佛寺住持僧人明静，耕种送纳粮草一并不缺，/ 刘允荐
名下分纳故记存整。/

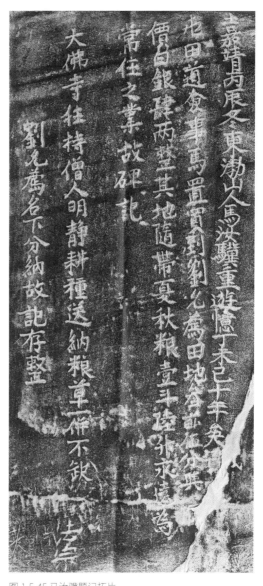

图 1-5-45 马汝骥题记拓片

嘉靖丙辰（1556）为嘉靖三十五年（1556）。马汝
骥其人，明代不止有一。《明史·列传》载一："马汝骥
字仲房，绥德人。正德十二年（1517）进士。……历两
京国子司业，擢南京右通政，就改国子祭酒，召拜礼部右
侍郎。"[1] 卒年五十余[2]。此马汝骥与题记之马汝骥籍贯不
同、生卒年、官职等皆有差异，当非一人。

《全辽志》另载一："马汝骥，金州人，陕西按察司
佥事。"[3]《钦定盛京通志》载马汝骥为嘉靖甲辰（1544）
科进士[4]。年龄、籍贯、官职皆与此题记吻合。东渤山当
即金州（今辽宁大连金州区）之地。题记其时，马汝骥为
陕西按察司佥事。按察司佥事为从五品；屯田道归按察司副使、佥事分司[5]。故马汝骥其名置前。

屯田道佥事负责屯垦之事，购置刘允荐土地；其地当与大佛距离不远，而其后"大佛寺住持僧人
明静耕种，送纳粮草"文字又可判断此地或租与大佛寺。因军事需要，由屯田道佥事购买、按察司佥
事书写题记于石窟内石壁，作为永久交割之证明。

大佛寺僧人情况今已不详，除赠拓片给叶昌炽的住持天缘僧外，明静住持又为其一。

---

1 清·张廷玉等撰《明史》（第 16 册）卷一百七十九"列传第六十七·舒芬（崔桐、马汝骥）"，北京：中华书局，1974 年版，第 4762 页。

2 明·王世贞撰《明诗评》卷一"马侍郎汝骥"，上海：商务印书馆，民国二十六年（1937）版，第 23-24 页。

3 明·李辅纂《全辽志》卷三"选举志·进士·嘉靖年"，辽海书社民国铅印本，叶三十五。

4 清·阿桂、刘谨之等撰《钦定盛京通志》卷四十七"选举一·进士·明·嘉靖甲辰（1544）科"，叶十四；景印文渊阁四库全书，第 502 册，第 179 页（下）。

5 清·张廷玉等撰《明史》（第 6 册）卷七十五"志第五十一·职官四·按察司 / 各道"，北京：中华书局，1974 年版，第 1843 页。

# （四六）廖文亨题记

位于罗汉洞东室窟室东壁北侧三分之一处上部。六行，行字数不同。楷书。

嘉靖丁巳年（1557）正月初七日，咸阳／县典史廖文亨四川阆中县／人，蒙／布政司委往兰州，买材织／造／上司龙袍线丝，过此睹／佛。／

嘉靖丁巳（1557）为嘉靖三十六年（1557）。

廖文亨，《咸阳县志》仅记其为咸阳人[1]。题刻可补县志所载之不足。

《明史·职官志》载："县。知县一人，正七品，县丞一人，正八品，主簿一人，正九品。其属，典史一人。所辖别见。""典史典文移出纳。如无县丞，或无主簿，则分领丞簿职。"[2]《明史·职官志》又载：承宣布政使司，又叫布政司，宣德三年（1428）定为十三布政司，下有杂造局、军器局、宝泉局、织染局[3]。咸阳属于陕西布政司，廖文亨当受织染局委派。

---

1 清·臧应桐纂修《咸阳县志》卷十"官师·典史·明"，道光十六年（1836）刻本，叶二十。
2 清·张廷玉等撰《明史》（第6册）卷七十五"志第五十一·职官四·县"，北京：中华书局，1974年版，第1850页。
3 张廷玉等撰《明史》（第6册）卷七十二"志第四十八·职官一·承宣布政使司"，北京：中华书局，1974年版，第1838-1840页。

# （四七）王本固、赵文耀题名

位于千佛洞中心柱正壁（北壁）西侧中上部。六行，行十字，有界格。楷书。

嘉靖四十二年（1563）六月十九 / 日，陕西布政司参政邢台 / 王本固、按察司副使莱阳 / 赵文耀，按部至邠，同登大 / 佛阁，历千佛洞，因题洞壁，/ 以志岁月云。文耀书。/

王本固其人，《明史》无专传，于《陕西通志》《甘肃通知》《四川通志》《浙江通志》《乐安县志》等方志文献皆有记载。《国朝献徵录》有传：

王本固，字子民，邢台人（今河北邢台），甲辰（1544）进士。仕乐安（今山东广饶）县令，有良吏之称。后征拜御史，初使秦，继出蜀，后巡按浙江，再赈济辽左。出陕西西宁副使；后以参政升大理寺少卿，晋南京都察院右佥都御史、左副都御史，历刑兵左侍郎。隆庆初改吏部，迁南京吏部尚书。万历元年（1573）乞休，后以年七十一卒[1]。《大清一统志》等亦有其传。

勾稽《明实录》等文献，亦能增补其具体任职信息，如：嘉靖三十七

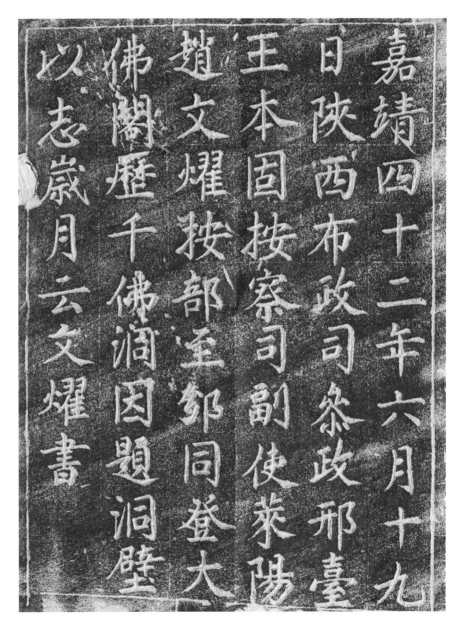

图 1-5-47 王本固、赵文耀题名拓片

---

1 明·焦竑辑《焦太史编辑国朝献徵录》卷二十七"南京吏部·尚书·南京吏部尚书王本固传"，明万历四十四年（1616）徐象枟曼山馆刻本，叶四十七至四十八。收录于《续修四库全书》（第526册），上海：上海古籍出版社，2002年版，第403页（下）至404页（上）。

年（1558）五月戊申，时任巡按浙江监察御史[2]。三十九年（1560）五月丙寅由山东道御史升为陕西按察司副使[3]。四十二年（1563）十月丙辰由大理寺右少卿升南京都察院右金都御史，提督操江[4]。四十五年（1566）十一月癸酉由都察院右副都御史升任吏部左侍郎[5]；隆庆四年（1570）九月丁亥升任南京吏部尚书[6]。

此题记中，王本固于嘉靖四十二年（1563）六月任陕西布政司之信息，可补《明实录》，即其陕西布政司之职由陕西按察司副使所升任；而其后很快即升任大理寺右少卿，担任大理寺右少卿之职时间较短，仅数月，很快即升任南京都察院右金都御史。对王本固的认识，已经有较多地方名人系列的研究。在这些研究中，还收录了一些当地的民间故事，如其为政造福地方百姓[7]。

赵文耀其人，《莱阳县志》有载："赵文耀，字绚夫、松子。进士，授户部主事，迁员外，司帑藏，出纳惟允；擢山西按察司金事，全活军民甚众，又擢山西宪副。请以母老归养，置义塾，督诸生会课；其中讲解经义，邑士登第者多出其门。寿七十二所，著有《凤里小稿》。子垌由贡，历官两淮运使，驰封三代。"

地方文化研究成果中，言赵文耀号凤里，嘉靖二十年辛丑（1541）科进士，母卒后赴补陕西按察司副使[8]。此题记可补赵文耀任陕西按察司副使之时间。

王本固之职级高赵文耀一级，故排赵文耀之前。王本固之职级为从三品。据《明史·职官志》载明洪武九年（1376）改陕西行省为承宣布政使司，改参知政事为布政使；十三年（1380）改布政使为正三品，参政从三品[9]。赵文耀之职级为正四品。《明史·职官志》载提刑按察司按察使正三品，副使正四品。按察使掌一省刑名按劾之事，副使分道巡查[10]。

题记为赵文耀所书，书法结体端庄硬朗，柳体风格明显，又增劲健之锐。

2  《明世宗实录》（第9册）卷四百五十九，叶二，北京：中华书局，2016年版（据红格本影印），第7759页。
3  《明世宗实录》（第9册）卷四百八十四，叶一，北京：中华书局，2016年版（据红格本影印），第8077页。
4  《明世宗实录》（第10册）卷五百二十六，叶三，北京：中华书局，2016年版（据红格本影印），第8576页。
5  《明世宗实录》（第10册）卷五百六十五，叶二，北京：中华书局，2016年版（据红格本影印），第9051页。
6  《明穆宗实录》（第2册）卷四十九，叶十一，北京：中华书局，2016年版（据红格本影印），第1233页。
7  参阅臧修臣《邢襄百杰颂》第六十四章"大明直臣——王本固"，石家庄：花山文艺出版社，2013年版，第199页。
8  刘廷銮、孙家兰编著《山东明清进士通览·明代卷》，济南：山东文艺出版社，2015年版，第159页。
9  清·张廷玉等撰《明史》（第6册）卷七十五"志第五十一·职官四·承宣布政使司"，北京：中华书局，1974年版，第1840页。
10  清·张廷玉等撰《明史》（第6册）卷七十五"志第五十一·职官四·提刑按察使司"，北京：中华书局，1974年版，第1840页。

# （四八）刘昇题记

位于千佛洞中心柱正壁（北壁）西侧中部。十一行，行五字，楷书。最后二行小字，似非同时人，不知是否为前人所题被磨去幂刻而存留残字。

余守邠之六／年，一日游大／佛石洞，见刻／卒业师赵□（凤）／里翁按邠游／洞岁月。感今／思昔，亦刻石／志之。明万历／十六年（1588）重阳／邠州知州□（刘）／□（昇）书。／

小字：邠州／周□（从？）□（往？）中行之／

刘昇其人，《邠州志》有载："刘昇，山东莱阳人，恩贡。万历十一年（1583）升任，守邠九年，公廉有执，节爱备至。二十年（1592）升绍兴府同知。"[1] 根据《邠州志》及题刻可知，此为刘昇守邠之第六年重阳节游。

《明史·选举志》载：科举必由学校，学校有国学和府、州、县学。入国学者通谓监生，生员曰贡鉴，同一贡鉴有岁贡、选贡、恩贡、纳贡。又载："恩贡者，国家有庆典或登极诏书，以当贡者充之。"[2] 刘昇为恩科取仕。

此题刻言"卒业师赵凤里"，即前一题刻中的"按察司副使莱阳赵文耀"。赵文耀，号凤里，《莱阳县志》载其："置义塾，督诸生会课；其中讲解经义，邑士登第者多出其门。"[3] 刘昇当从赵文耀学，故称赵文耀为业师。

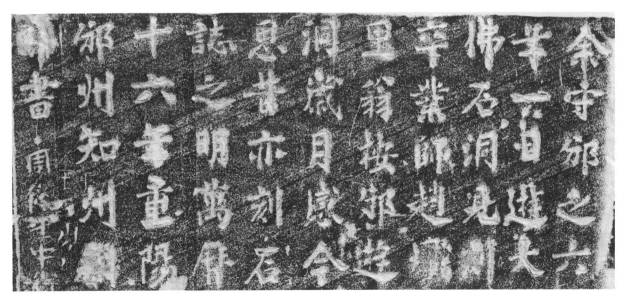

图 1-5-48 刘昇题记拓片

题记末尾小字笔画粗浅，应为后刻。

1　明·姚本校、阎奉恩撰《邠州志》卷二"政事·州守·知州"，康熙刻本，据清顺治六年（1649）刻版〔嘉靖时始撰，前有万历己亥（1599）序〕增刻，叶七。

2　清·张廷玉等撰《明史》（第 6 册）卷六十九"志第四十五·选举一"，北京：中华书局，1974 年版，第 1676 页、1681 页。

3　清·咸怀良纂修《莱阳县志》卷八"人物志·世贤"，康熙十七年（1678）刻本，叶八。

# （四九）张栋题记（附刘昇题记）

位于千佛洞中心柱正壁（北壁）西侧中上。题记包含两则，前为大字三行，行十一字、十二字不等，行楷书。后小字两行，楷书。有外框。

万历辛卯（1591）吴郡张栋过此，遇／一老衲自称百有六岁，盖逾余／六十，甲子矣，异而记之。／
张以兵科都给事中阅边务过，老衲名明福。／邠知州刘昇记。／

万历辛卯（1591）为万历十九年（1591）。

张栋其人，历史上颇多，明时同名亦多。据邠知州刘昇题记所言兵科都给事中张栋，可以确认具体所指。《江南通志》《大清一统志》等皆有简志，《昆山县志·列传》记载颇详，摘录部分：

张栋，字伯任，号可菴。士沦子，顾身秀目，谈论斩然。万历丁丑（1577）登进士，授新建知县。先后征授工科给事中，迁刑科给事中，庚寅（1590）起兵科都给事中。洮河用兵，议遣廷臣分阅边镇，命往固原，栋单骑驰阅。栋与诸科臣各上疏，帝怒削籍。六十卒于墓所。天启中赠太常少卿[1]。张栋为政清廉，为人刚直，多有政绩。

其他史籍文献也有相关记载，可增补《昆山县志》所载。如《四库全书总目提要·存目》收张栋撰《可菴书牍》十卷（两江总督采进本），为其邑人王焕所编，以其历任书牍分卷排纂[2]。《明实录》可增补具体信息，如天启二年（1622）六月甲申赠张栋太常少卿[3]。

题记其时，张栋秩正七品。《明史·职官志》载：明初统设给事中，正五品，后数更其秩。建文中，改都给事中，正七品；给事中，从七品。吏户礼兵刑工六科，各设都给事中一人[4]。此题记，张栋因西陲用兵，而以都给事中身份阅边，为其任此职之第二年。

该题记中并未言张栋之官职，在明人题记中较为少见。题记其后另有小字题记，记首以"张"字开头而另有空格，不言其名，知此为张栋过后、刘昇新来所见之补题。

上一题记考索刘昇万历十一年（1583）始守邠九年，此为万历十九年（1591），即其任之第九年。《明史·职官志》载"州。知州一人，从五品"[5]，即刘昇之秩级高于张栋，故张栋过此并无刘昇之陪同，张栋过境而或刘昇不知。刘昇题记字号小于张栋字号，因其右侧有"吴鋐同游题记"，只能缩小字号而记。

刘昇题记所言老衲明福，待考。不知是否为大佛寺之住持。

---

1 清·张予介纂修《昆山新阳合志》卷二十一"列传三·明之下"，乾隆十六年（1751）年刻本，叶一至三。
2 《四库全书总目》卷一百七十九"集部三十二·别集类存目六"，叶二十六。景印文渊阁四库全书总目本（第4册），第797页（上）。按，《四库全书总目提要》言张栋字可菴，误。伯任为张栋之表字，栋与伯任互为表里，皆意指可担大任之栋梁材。
3 《明熹宗实录》（第2册）卷二十三，叶十一；北京：中华书局，2016年版（据红格本影印），第1143页。
4 清·张廷玉等撰《明史》（第6册）卷七十四"志第五十·职官三·六科"，北京：中华书局，1974年版，第1806-1807页、1805页。
5 清·张廷玉等撰《明史》（第6册）卷七十五"志第五十一·职官四·州"，北京：中华书局，1974年版，第1850页。

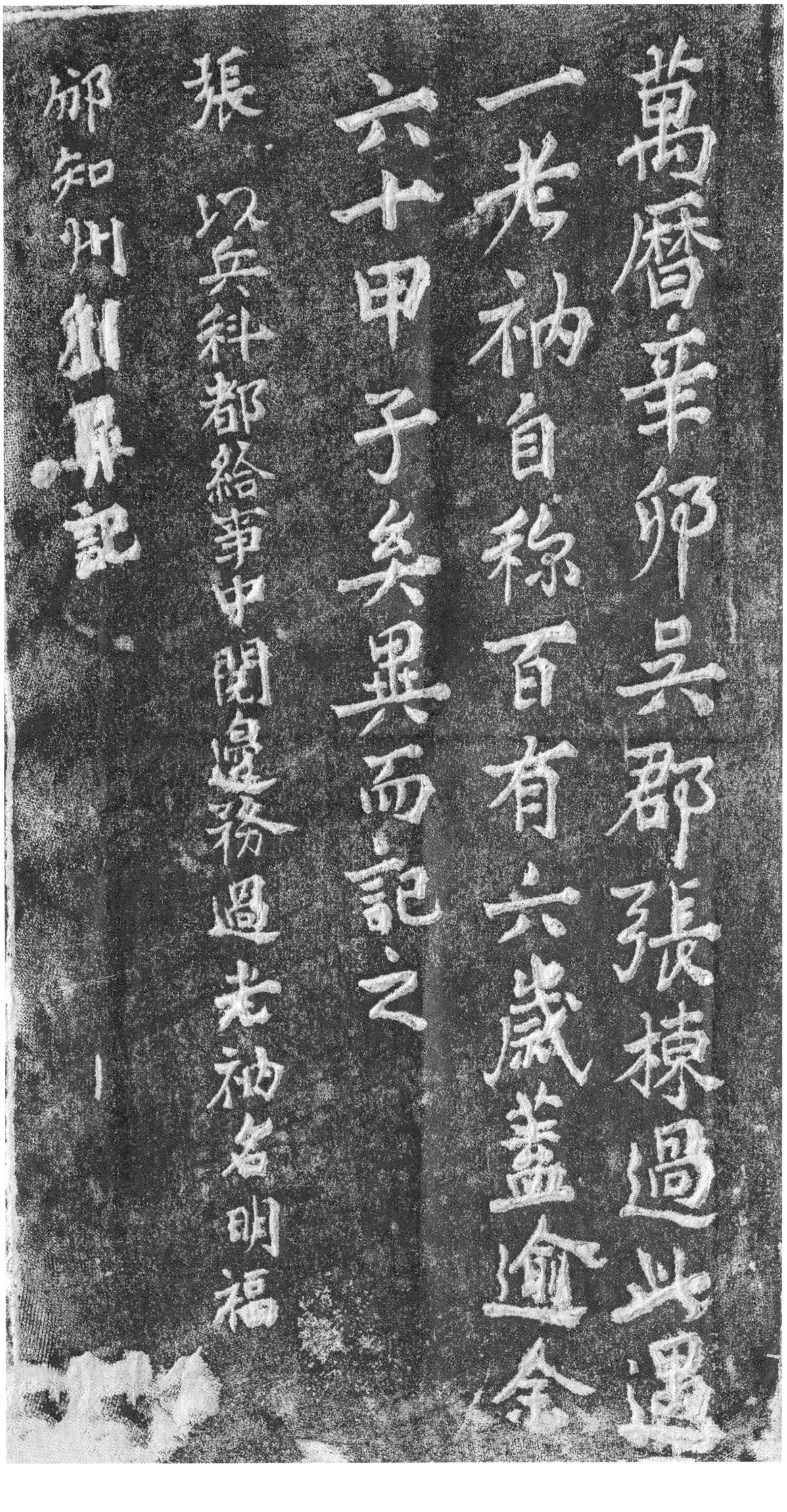

萬曆辛師吴郡張棟過此

一老衲自稱百有六歲盖逾今

六十甲子矣異而記之

張以兵科都給事中閱邊務過老衲名明禧

鄖知州劉昇記

图 15-49 张栋题记（附刘昇题记）拓片

## （五〇）万历二十年残题

位于千佛洞中心柱正壁（北壁）西侧。遭磨泐打破，残存一行十七字，当另有其他文字。

万历二十年（1592）七月廿五日邠州防守西安□继□……/

　　该题刻已遭磨损，字迹较浅，当是邱刚题刻时损毁。人名不能识读，具体信息已无从考释。

图 1-5-50 万历二十年残题

# （五一）天启三年残题名

位于千佛洞窟室东壁[1]。

大明岁次癸亥天启三年（1623）闰五月十八日，／王□□□彦□杨□文公□□四人到此记。／

题刻残损严重，人名已不能识读。

---

1　参阅常青《彬县大佛寺造像艺术》"第七章 石佛礼赞"，北京：现代出版社，1998 年版，第 297 页。

# （五二）李国柱题记

位于罗汉洞主室东南壁上部。八行，行十字、九字不等，有提行。楷书，有外框。

防守邠州守备武进士频／阳李国柱，自崇祯元年（1628）／任，时遇兵荒，尚未平息，／会同／邠州儒学署学正天水张／赐宠全，／邠庠生席统刊记。／时大明崇祯十贰年（1639），岁在／己卯孟夏书。／

频阳，属陕西富平。李国柱其人，《富平县志》有时任"甘州守备"之简单记载[1]。《明史·职官志》载："总兵官、副总兵、参将、游击将军、守备、把总，无品级，无定员。总镇一方者为镇守，独镇一路者为分守，各守一城一堡者为守备。"[2]

又，《明实录》载万历四十四年（1616）四月庚戌"升大靖参将李国柱为洮岷副总兵"[3]。《古今图书集成》载："按《陕西通志》崇祯八年（1635）寇陷陇州，国柱不屈，贼怒杀之。"[4] 按，《明实录》载其为副总兵、《古今图书集成》所引《陕西通志》言李国柱已于崇祯八年（1635）去世，与此题记中崇祯十二年（1639）守备邠州不符。守备仅为一地之守职，《明实录》所载其职高于守备，且时间更早。判断此题记之李国柱与二文献之李国柱非一人。

张赐宠其人，《邠州志》亦有载："陕西秦州人，贡士。"[5]《明史·职官志》又载："州，学正一人，训导三人。"学正掌教诲所属生员，训导佐之。洪武十三年（1380）改各州学正为未入流（先是从九品）[6]。

《邠州志》云："嘉靖十九年（1540）增设……学正一员、训导三员。"[7]《邠州志》所载张赐宠为训导，此题记言其为学正，可补方志文献。又，张赐宠，当名全，字赐宠。

席统其人不详，题记时为庠生，尚无功名，似之后亦未有功名，故方志文献无载，待考。

1　参阅清·乔履信纂修《富平县志》卷五"选举·武进士"，乾隆五年（1740）刻本，叶二十四。
2　清·张廷玉等撰《明史》（第6册）卷七十六"志第五十二·职官五·总兵官"，北京：中华书局，1974年版，第1866页。又见清·嵇璜等撰《钦定续文献通考》卷六十一"职官考"，叶十二。景印文渊阁四库全书本，第627册，第661页（上）。
3　《明神宗实录》（第14册）卷五百四十四，叶一至二；北京：中华书局，2016年版（据红格本影印），第10326-10327页。
4　清·陈梦雷等编纂《古今图书集成·明伦汇编氏族典》（368册）第383卷"李姓部列传十八·明三"，中华书局民国二十三年（1934）影印本，叶五十六（中）。
5　明·姚本校、阎奉恩撰《邠州志》卷二"学职·训导"，康熙刻本，据清顺治六年（1649）刻版〔嘉靖时始撰，前有万历己亥（1599）序〕增刻，叶二十。
6　清·张廷玉等撰《明史》（第6册）卷七十五"志第五十一·职官四·儒学"，北京：中华书局，1974年版，第1851页。
7　明·姚本校、阎奉恩撰《邠州志》卷二"政事·职事"，康熙年间刻本，据清顺治六年（1649）刻版〔嘉靖时始撰，前有万历己亥（1599）序〕增刻，叶一。

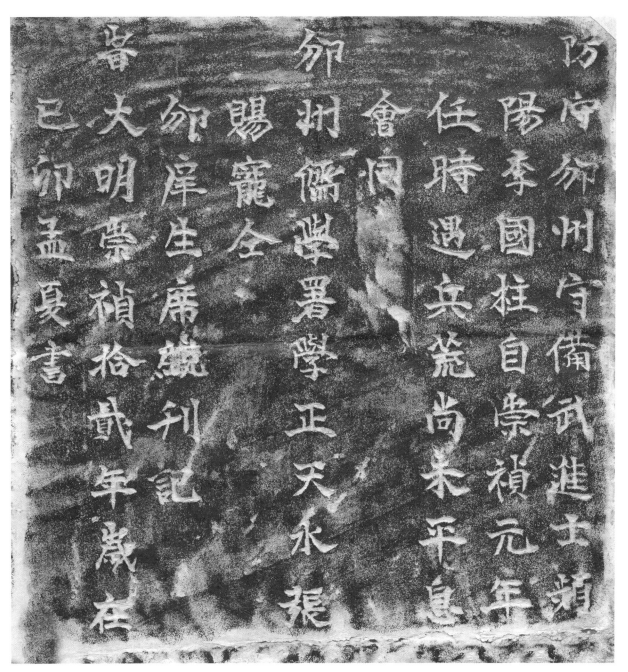

防守邠州守備武進士顧

陽李國柱自崇禎元年

任時遇兵荒尚未平息

會同

邠州儒學署學正天永張

賜寵全

邠庠生席巍刊記

大明崇禎拾貳年歲在

晉已卯孟夏書

图 1-5-52 李国柱题记拓片

# （五三）范文光题记

位于罗汉洞东室窟室南壁上部。三行，行七字、六字，行书。

蜀内江范子文光 / 仲闇，以崇祯纪元（1628–1644）/ 教于邠，常来此。/

范文光，《明史》有传："范文光，内江人。天启初，举于乡。崇祯中，历官工部主事，南京户部员外郎，告归。"十七年（1644）张献忠乱蜀，范文光等举义兵；待清兵克嘉定，自杀[1]。又载其有《豳风考略》三卷[2]。《邠州志》亦有简单记载，其曾为邠州学正[3]。推测其来陕西时间为崇祯初年。

《内江县志》记载更为详细："范文光，字仲闇，天启辛酉（1621）举人。……就宁羌学正，内转国子监博士。官至户部正郎，乞仕归田。……草书追踪黄、董，词调隽逸。才名竞传海内，著有《峨嵋集》诗文数十卷。"[4]《陕西通志》收录其《昭陵乾陵说》一文[5]。《千顷堂书目》载其另有《居邠集》十卷[6]。

清代刘承幹《邠州石室录序》言叶昌炽曾曰"邠州姜嫄公刘庙碑后有崇祯六年（1633）川西范文光谒庙题字"[7]。待考。

《小腆纪年》又载：范文江，由南京户部员外郎擢右佥都御史，巡抚川南。自杀于清顺治九年（1652）春正月丁卯[8]。《大清一统志》载乾隆四十一年（1776）赐范文光谥忠节[9]。

范文光居邠时间或在崇祯前期，即题刻时间。

---

1 清·张廷玉等撰《明史》（第 23 册）卷二百七十九"列传第一百六十七·樊一蘅（范文光）"，北京：中华书局，1974 年版，第 7149 页。

2 清·张廷玉等撰《明史》（第 8 册）卷九十七"志第七十三·艺文二"，北京：中华书局，1974 年版，第 2410 页。

3 明·姚本校、阎奉恩撰《邠州志》卷二"政事·学职·学正·明"，康熙年间刻本，据清顺治六年（1649）刻版〔嘉靖时始撰，前有万历己亥（1599）序〕增刻，叶十九。

4 清·徐思温等主修《内江县志》卷七"人文上"，光绪九年（1883）刻本，叶九至十。

5 清·刘于义等《敕修陕西通志》卷九十四"艺文十·论说"，雍正十三年（1735）刻本，叶十四至十五。

6 清·黄虞稷撰《千顷堂书目》卷二十八"崇祯"，叶六；景印文渊阁四库全书本，第 676 册，第 665 页。

7 清·刘承幹《邠州石室录序》，载清·叶昌炽撰《邠州石室录》，民国四年（1915）吴兴刘氏嘉业堂刻本，叶二。又按，该文实际亦为叶昌炽所撰，参阅清·叶昌炽撰《缘督庐日记抄》卷十五，上海蟫隐庐民国二十二年（1933）石印本，叶六十九。

8 清·徐鼒撰《小腆纪年》卷十八，咸丰十一年（1861）刻本，叶三；收录于《续修四库全书》（第 368 册），上海：上海古籍出版社，2002 年版，第 157 页（上）。

9 《嘉庆重修一统志》（第 24 册）卷四百十三"资州直隶州·人物·明"，上海：商务印书馆，民国二十三年（1934）印本〔原纂于道光二十二年（1842）〕，叶二十二。

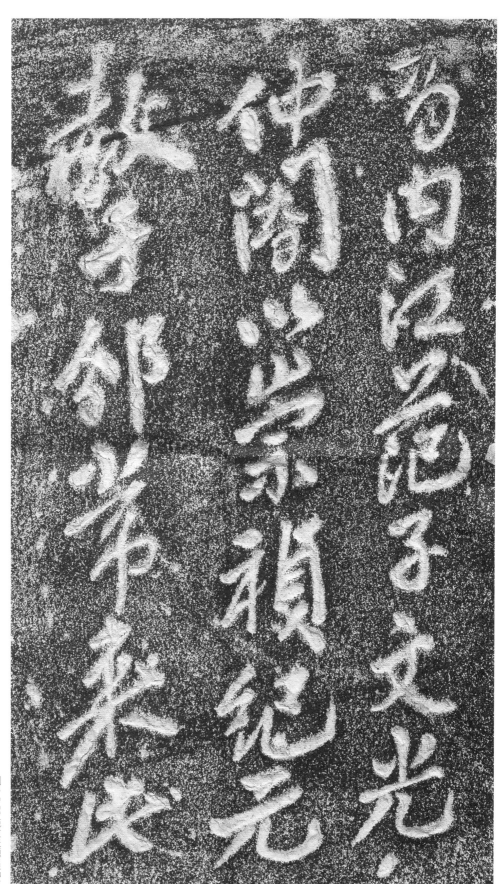

图 1-5-53 范文光题名拓片

## （五四）范文光题名

位于罗汉洞东室窟室西壁中间上部，一行直下九字，行书。

蜀范文光居邠常来此。∕

前"范文光题记"已考证，范文光，字仲闇，四川内江人。天启辛酉（1621）举人。此题刻时间或在崇祯前期。此处不再赘述。

图 1-5-54 范文光题名拓片

# （五五）王鸿业题名

位于千佛洞窟室南壁最东侧中间。两行，行九字。楷书。

陕西……（军政都指挥前游□[1][去]）/将军檀峪王鸿业登此。/

王鸿业其人，正史无载。《陕西通志》言其"西安卫人，陕西掌印都司"[2]。《张庄僖文集》言其曾为都司署印署都指挥佥事[3]。

《明史·职官志》载："凡各省、各镇镇守总兵官、副总兵，并以三等真、署都督及公、侯、伯充之。有大征讨，则挂诸号将军或大将军、前将军、副将军印总兵出，既事，纳之。"[4]"都司，掌一方之军政，各率其卫所以隶于五府，而听于兵部。"[5]又载："总兵官、副总兵、参将、游击将军、守备、把总，无品级，无定员。……至崇祯时，益纷不可纪，而位权亦非复当日。盖明初，虽参将、游击、把总，亦多有充以勋戚都督等官，至后则杳然矣。"[6]该题刻为明刻，王鸿业为游击将军，当为遇有战事而临时充任，其平时之职或即司署印署都指挥佥事。

图 1-5-55 王鸿业题名

---

1　按，刘承幹"邠州石室录序"所言"檀峪王鸿业"题刻有"军政都指挥前游□"数字，今此数字刓损严重；收录于清·刘承幹撰《邠州石室录序》，民国四年（1915）吴兴刘氏嘉业堂刻本，叶二。又按，该文实际亦为叶昌炽所撰，参阅清·叶昌炽撰《缘督庐日记抄》卷十五，上海蟫隐庐民国二十二年（1933）石印本，叶六十九。收录于《续修四库全书》（第576册），上海：上海古籍出版社，2002年版，第847页（上）。

2　清·刘于义等《敕修陕西通志》卷三十三"选举四·将材"，雍正十三年（1735）刻本，叶三十一。

3　明·张永明撰《张庄僖文集》卷三"擒获巨冠疏"，叶二十三。景印文渊阁四库全书本，第1277册，第352页（下）。

4　清·张廷玉等撰《明史》（第6册）卷七十五"志第五十二 职官五·五军都督府"，北京：中华书局，1974年版，第1857页。

5　清·张廷玉等撰《明史》（第6册）卷七十六"志第五十二·职官五 都指挥使司"，北京：中华书局，1974年版，第1872页。

6　清·张廷玉等撰《明史》（第6册）卷七十六"志第五十二·职官五·总兵官"，北京：中华书局，1974年版，第1866页。又见清·嵇璜等撰《钦定续文献通考》卷六十一"职官考"，叶十二。景印文渊阁四库全书本，第627册，第661页（上）。

## （五六）常山装像题记

位于千佛洞窟室西壁北侧中部。一行直下，二十三字。楷书。

楚府常山路过，装粘佛像五尊主。造酒年年天，山外何日休。/

楚府常山其人，查无考。根据清叶昌炽《邠州石室录》中对元代装像题记的题跋，可知元人多装像用"粧"字；此处并非此字，判断此或明人题刻。

图1-5-56 常山装像题名

# （五七）傅镇装像题记

位于千佛洞中心柱正壁（北壁）中间偏东部中上。四行，行字数不等，隶意。

钦差商州御马大（太）监傅镇守甘州到此拜谒，舍人王莫／金陵、舍人赵昂渚宁到此拜谒，／金台冠带府人梁玮到此拜谒，／装佛二堂。／

《明史·职官志》载："（明洪武）二十八年（1395），重定内官监、司、库、局与诸门官，并东宫六局、王府承奉等官职秩。凡内官监十一：曰神宫监，曰尚宝监，曰孝陵神宫监，曰尚膳监，曰尚衣监，曰司设监，曰内官监，曰司礼监，曰御马监，曰印绶监，曰直殿监，皆设太监一人，正四品。"[1] 傅镇为御马太监之职，属正四品。其时，御马监地位较高，有统兵之权。此言"守甘州"，即是统兵前往甘州。傅镇其人，于史无载。

"舍人王莫"与第一行字体相比略小，看字体又似乎与其他文字同时所刻；第二行起始有金陵二字，或即王莫之字。舍人赵昂渚宁，或赵昂字渚宁。舍人相关情况，于《明史·职官志》中有载："（洪武）七年设直省舍人十人，寻改中书舍人。"[2] 又载："若将军营练，将军四卫营练，及勇士、幼官、舍人等营练，则讨其军实，稽其什伍，察其存逸闲否，以教其坐作、进退、疾徐、疏数之节，金鼓、麾旗之号。"[3] 赵昂所任，当为军中舍人，负责相关军务、礼仪、稽查等事。金台今属陕西宝鸡。冠带府人，或即受恩遇、赏赐之人。王莫、赵昂、梁玮待考。

"装佛二堂"，此二堂不知是哪二龛。今所存装像除主龛外皆已无存，无从判断。

1　清·张廷玉等撰《明史》（第6册）卷七十四"志第五十·职官三·宦官"，北京：中华书局，1974年版，第1825页。

2　张廷玉等撰《明史》（第6册）卷七十二"志第四十八·职官一·内阁"，北京：中华书局，1974年版，第1733页。

3　张廷玉等撰《明史》（第6册）卷七十二"志第四十八·职官一·兵部"，北京：中华书局，1974年版，第1753页。

图 1-5-57 傅镇装像题记拓片

# （五八）道渊题记

位于千佛洞中心柱正壁（北壁）东侧中上部。四行，行字数不等，行书。似为幂刻，原字已磨去，残存"本寺住持长老道……"数字。

道凤，／僧正司署印。道渊，／得／本州镜师道。／
本寺住持长老道……／

僧正司明清皆有。如《明史·职官志》载："府僧纲司，都纲一人，从九品，副都纲一人。州僧正司，僧正一人。县僧会司，僧会一人。府道纪司，都纪一人，从九品，副都纪一人。州道正司，道正一人。县道会司，道会一人。俱洪武十五年（1382）置，设官不给禄。"[1]

结合残存"本寺住持长老道"数字，推测本题刻的意思：

"道凤"为掌管邠州的僧正司所给署印，"道凤"类于花押，即道渊。道渊得邠州镜师之道业。

图 1-5-58 道渊题记

1　清·张廷玉等撰《明史》（第 6 册）卷七十五"志第五十一·职官四·僧纲司／道纪司"，北京：中华书局，1974 年版，第 1853 页。

# 清

　　彬州大佛寺石窟清人题刻数量较少。明确确认为清人题刻的仅有两通，清人题刻多为碑刻。依叶昌炽《邠州石室录》体例作补遗工作，亦是构建彬州大佛寺石窟历史的重要材料。

# （一）陈奕禧题记

位于罗汉洞东室窟室东壁中部中间。三行，行十字，楷书。

康熙癸亥（1683）五月十三日安／邑同令浙江陈奕禧转运／金城，瞻礼阁下，勒石纪游。／

癸亥为康熙二十二年（1683）。陈奕禧是近世著名书法家，相关记载亦多。《四库全书总目提要》有陈奕禧比较详细的记载，摘录部分："《金石遗文录》十卷，国朝陈奕禧撰。奕禧字子文，号香泉，海宁人。由贡生官至南安府知府。奕禧亦以书著名，是书为书法而作。就所得金石，采录其文，汇辑成帙。"[1]

《解州安邑县志》载陈奕禧于康熙十八年（1679）始任安邑县令[2]。此为陈奕禧任职之后的第四年经过此处所题。安邑同令当即安邑同知、县令职务，此次为转运途经邠州。

今地方文化研究成果中已有较多陈奕禧的相关研究。如海宁《邑人辞典》载：陈奕禧（1648—1709），盐官（今浙江海宁）人。字六谦，又字子文，号香泉，晚号葑叟。康熙三十九年（1700）官户部郎中，破格被召入直南书房；后任贵州石阡知府，转江西南安知府，修学官、纂郡志、兴文教，卒于任内[3]。

图 1-6-1 陈奕禧等纪游题记

---

1　《四库全书总目》卷八十七"史部四十三·目录类存目六"，叶二十四至二十五。景印文渊阁四库全书总目本（第 2 册），第 8047 页（上、下）。

2　清·言如泗纂《解州安邑县志》卷五"职官·清·县丞"，乾隆二十九年（1764）刻本，叶十九。

3　海宁市对外文化交流协会、海宁市文学艺术界联合会合编《邑人辞典》，上海：上海辞书出版社，2002 年版，第 29 页。

# （二）汤少元题记

位于罗汉洞东室窟室西壁南侧上部。

□□汤少元叩／仙玉□太山石，／宣统三年
（1911）秋八月初三立。／

宣统为清朝最后皇帝溥仪年号，共计四
年。汤少元其人，待考。

图 1-62 汤少元题记

## （三）鄂公生祠题刻

位于大佛洞和千佛洞中间、石窟外壁。呈匾额式下凹，刻四字，楷书。下半部风化残破严重，右下角（东侧）边框亦有损毁。

鄂公生祠 /

鄂公为唐朝开国大将尉迟敬德。该题刻为彬州大佛寺石窟唯一于窟外山体的古代题刻。题刻山石为砂岩，容易风化，不确定当初是否另有题记，刻石时间亦不知。

就字体来看，结体内敛，用笔内蕴刚劲。"鄂"字横笔有碑学特征，"祠"字竖笔内擫。推断来看，书写或已晚到清代咸丰、同治或之后了。具体时间待考。

图 1-6-3 鄂公生祠

# 七

# 新中国成立前

除了古代题刻外，另有四通带有明显时代烙印的近代题刻。据言，解放军曾于此驻扎[1]。这四则题刻有三通为1949年，另一个也应属同时。这些题刻并非随意刻划，而是经过了书写、凿刻的过程。文字清晰，亦是彬州大佛寺在某一历史阶段的题名、题记的重要反映。

1 参阅常青《彬县大佛寺造像艺术》"第七章 石佛礼赞"，北京：现代出版社，1998年版，第303页。

# （一）邱刚题记（一）

　　位于千佛洞中心柱正壁（北壁）西侧中上。外有深凿边框。底原有字，磨去后覆刻其上。磨去的不止底下原本的小字，还有上面题刻"王尚絅、桑溥题名（二）"中第一行的最后一字"絅"，以及磨泐损毁了题刻右侧的"万历二十年残题"。

共产党万岁。／一九四九年八月，／邱刚题。／

　　题刻中"𡻕"为"岁"的异体字。邱刚当为彬州（时为邠县）本地人。

图 1-7-1 邱刚题记（一）

## （二）邱刚题记（二）

位于千佛洞窟室西壁北侧下部。行三、五字不等，楷书。

一九四九年，／解放大西／北，消灭／胡马匪。／邱刚／
胡马／都／

此或指 1949 年 6 月 10 日至 25 日国民党青海马步芳、宁夏马鸿逵军队入侵邠县，直逼咸阳。中国人民解放军第一野战军三军、四军、六军、十八兵团一八一师迎头痛击，青宁马军北逃。

图 1-7-2 邱刚题记（二）

## （三）口号题记

位于千佛洞窟室西壁下部。一行直下九字，楷书。

贫苦农民快起来斗争。/

从题字风格看，似亦为邱刚所题。

图 1-7-3 口号题记

# （四）凤仙题记

位于千佛洞中心柱西壁北侧下部。前三行字较大，后字大小不一。楷书。其原刻应为唐人"新平县令造像记"，字体较小，今可辨极少："……□元……/□（常？）……□（父？）□敬□……/……□（方？）……/……□……恐……/……□□（新？）平□（县？）令□□金……/□□□□□州□……/……□□□□石□观……/……□（幽？）路□□□于年……/……既托……/……"该唐人题刻，遭受两次厄运，一为造像砖龛，另一为"凤仙题记"。

华北人民／解放军，／凤仙提（题）。／
一九四九年，／自从来了／共产党，／穷人翻／了身，成为主人。／

凤仙，待考。

1949年12月17日邠县农民代表会议在县城召开，出席代表150人。于仲连县长作《农运工作报告》，会议通过了决议案和《农会章程》，选举了一届农民协会临时委员会。

图 1-7-4 凤仙题记

# 八

# 不纪年题刻及不纪年残题

# （一）残石像记

位于千佛洞中心柱西壁中部中间。只残存上部，上遗存一字或二字不等。

石像□ /

□□……□□……/ □□……□□……/ □□……□……/ □（堂？）□……□……/ □□……

/ □□……□ / □□……□□……/ □□……□□……/ □……□……/ □（随）□……/ □（便）

□……/ □（金）□（花）……/ □（松？）□……/ □（星）□……/ □□……/ □□……/ □□……

/ □□……/ □□……/ □（宿）……/ □（运？）□……/ □（引）……/ □（既）□……/……

残损严重，不可考。推测似为其上造像之造像铭，时代或在唐。

图 1-8-1 残石像记

## （二）丁巳残题题记

位于千佛洞西门柱东壁中间北侧。十一行，基本行三字，楷书。

□□□ / □（开？）□（州）□ / □郡□ / □大□ / 丙辰□ / □□□ / 此□（都）□ / 佛□ / 时丁巳 / 孟夏 / 日记。/

题记残损严重，已不可考。

图 1-8-2 残题题记

## （三）襄城学正残题

位于千佛洞中心柱西壁中部中间，现存三行半，行四字。楷书。幂刻于《佛说温室洗浴众僧经》之上。

河南开封 / 府许州襄 / 城县儒学 / 正□姚□ / ……

推测或为明刻。待考。

图 1-8-3 学正□□残题

## （四）王教授、郭恕题名

位于千佛洞窟室西壁中间偏北上部。一行直下九字，楷书。

汉阴王教授、郭恕同到。/

教授，不同朝代多有所设。如《明史·选举志》载：洪武二年（1369）"大建学校，府设教授，州设学正，县设教谕，各一。俱设训导，府四，州三，县二。生员之数，府学四十人，州、县以次减十"[1]。《明史·职官志》载："府，教授一人，从九品，训导四人。……教授、学正、教谕，掌教诲所属生员，训导佐之。"[2]

此王教授不知具体姓名，郭恕亦不详，皆待考。

图 1-8-4 王教授、郭恕题名拓片

---

1　清·张廷玉等撰《明史》（第6册）卷六十九"志第四十五·选举一"，北京：中华书局，1974年版，第1686页。

2　清·张廷玉等撰《明史》（第6册）卷七十五"志第五十一·职官四·儒学"，北京：中华书局，1974年版，第1851页。

## （五）武俊、武勝题名

位于千佛洞中心柱正壁（北壁）中间偏东上侧。一行八字直下，楷书。

金台武俊、武胜到此 /

金台属今宝鸡，武俊、武胜当为二兄弟。题记中仅书二人其名，当无官职。根据书写、刻字情况看，该题刻或为明清人所题。待考。

图 1-8-5 武俊、武胜题名

## （六）胡永题名

位于千佛洞东门柱西壁中间中部。一行直下，残存八字，楷书。

嵩川胡永大和丙申……/

大和是唐文宗李昂年号，共九年，此九年中并未有丙申年号。常青著作中将其认作为唐题刻，因误抄为"大和丙辰"[1]。从题刻看，亦不似唐人书风。

胡永其人不详，根据题刻可知，大和为其字。待考。

图 1-8-6 胡永题名

---

1 常青著《彬县大佛寺造像艺术》"第七章 石佛礼赞"，北京：现代出版社，1998 年版，第 294 页。

# （七）月日残题（一）

位于千佛洞东门柱南壁东侧上部。风化严重。

……□（月）廿七□（日）/

风化严重。推测似唐造像记之年月，待考。

图1-8-7 年月残题（一）

# （八）月日残题（二）

位于千佛洞东门柱东壁北侧。残留日月，其题刻或在砖砌之内。楷书。

……/ 月二十一日也 /

此刻刚劲有力，保存完好。其余部分或保留于砖砌内，或待来日重修砖砌时可见。

图 1-8-8 月日残题（二）

# （九）李院等题名

位于千佛洞东门柱西壁上部中间。五行，行五字到八字不等。

山东□（青？）州益都李院、/□州郭宣差、/北凉董追□/，癸丑正月十一/……

李院、郭宣差、董追□，三人不详，待考。

图 1-8-9 李院等题名

## （一〇）庄浪知县残题

位于千佛洞中心柱正壁（北壁）东侧中下部，斜行，残题。

庄浪县知县舍人□（马）……/

残损严重，待考。

图 1-8-10 庄浪知县舍人残题

## （一一）范云□题名

位于千佛洞西门柱西壁下部龛侧，笔画斜浅。

西安后卫范云□□□ / □□固原□…… /

范云□不详，待考。

图 1-8-11 范云□题名

# （一二）平凉残题

位于千佛洞中心柱正壁（北壁）东侧三分之一处中间。两行，残损严重。

平凉府儒……愿节□ /……谨……书……/

残损严重，待考。

图 1-8-12 平凉残题

# （一三）靳怀题名

位于千佛洞中心柱正壁（北壁）东侧中部，一行直下，刻划较浅。

宁夏中卫舍人靳怀到。/

靳怀其人不详，年代不详，待考。

图 1-8-13 靳怀题名

# （一四）齐静□题名（一）

位于千佛洞中心柱南壁西侧上部。两行。

酒家 / 齐静□过此 /

齐静□其人不详，待考。

图 1-8-14 齐静□题名（一）

# （一五）齐静□题名（二）

位于千佛洞窟室西壁北侧三分之一处中下，一行数字。

□□齐静□过此 /

齐静□其人不详，待考。

图 1-8-15 齐静□题名（二）

## （一六）李谭题名

位于罗汉洞主室靠近门洞处，大字，笔划较深，行书。

李谭／

李谭其人不详，待考。

李、谭二字似人名，又似单独为一字。二之间，似有其他字，无法辨识。

图 1-8-16 李谭题名

# （一七）宁生鲁题名

位于千佛洞中心柱正壁（北壁）西侧下部。一行七字，楷书。

宁生鲁得出游此。/

　　宁生鲁其人不详，待考。

图 1-8-17 宁生鲁题名

# （一八）"仰哉"残题

位于千佛洞东门柱西壁中部中间。残存数字。

……田□□□ / 仰哉□ /

残存数字，已不可考。

图 1-8-18 残题

# （一九）杜仁黯题名

位于千佛洞窟室西壁中部偏北下侧。一行，五字，楷书。

杜仁黯一记 ∕

　　杜仁黯其人不详，待考。

图 1-8-19 杜仁黯题名

## （二〇）冯让题名

位于罗汉洞西室南壁右侧上部。两行，刻划较浅。

甘州科举生员冯让到此拜 / 谒，祈保遂意。/

冯让其人不详，待考。

此当为参加科举考试，途经所题。似为随意刻划而无刀刻之功。

图 1-8-20 冯让题名

# （二一）包锦题记

位于千佛洞中心柱正壁（北壁）东侧下部，两行，行书。

……直言告白□（往？）来人，此处不可。／包锦到／

疑为今人题刻。题刻书写潇洒，有可采处，故录之。

图 1-8-21 包锦题记

## （二二）李弼题名

位于罗汉洞东室西壁南侧中间。大字下似有小字"……八月九日……"

……李弼住……/

李弼其人，待考。似为近代题字。

图 1-8-22 李弼题名

# （二三）其他不可辨数通

三题刻分别位于罗汉洞西室正壁（南壁）东侧上部、东壁南侧上部和北侧中上，皆不可释读。

三题刻皆无法释读，待考。

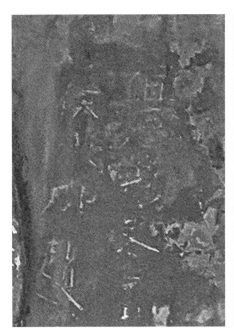

# 碑石

## 卷二

碑石在本文中主要指那些独立的、非石窟山体的刻石题刻。彬州大佛寺石窟现存可移动的碑石题刻在时间段上主要为明代及其之后。这些碑石主要包括游记诗、题记题刻、维修碑刻、纪念碑石等文字。对这些碑石的整理，是认识彬州大佛寺石窟『接受史』的重要材料。

# 明

现有明代碑石七通，主要内容为游记诗、题名题记。

# （一）曹琏《咏大佛》诗

尺寸：0.5 米长，0.42 米宽。今立于彬州大佛寺石窟院内西部连廊。

咏大佛／

为显神通化万民，丹崖现／出紫金身。肩摩日月层□／外，目阅乾坤几劫春。甘露洒空滋品汇，天风扫地绝／纤尘。我来瞻礼诚心恪，五／色毫光照耀新。时／景泰癸酉（1453）冬，按部过寺，乘／兴登览，乃赋此鄙律，用纪／岁月云。／

陕西□（提）□（刑）□（副）□（使）曹琏书。／

另有小字：……长安赵钺□／……

景泰癸酉（1453）为明代宗朱祁钰景泰四年（1453）。

勾稽《明英宗实录》可知曹琏经历：

正统八年（1443）十一月丙寅由学正升任按察司佥事[1]。景泰元年（1450）夏四月辛丑由河南按察司佥事升任陕西按察司副使[2]；六年（1455）二月己亥升任大理寺左少卿、参赞军务[3]；六月甲午为参赞军务、大理寺少卿[4]；天顺元年（1457）二月庚子升为广东惠州府知府[5]。

景泰元年（1450）曹琏已为陕西按察司副使。《明史·职官志》载提刑按察司按察使正三品，副使正四品。按察使掌一省刑名按劾之事，副使分道巡查[6]。其时，曹琏职级正四品，由西安巡查途径邠州，故称"按部过寺"。

小字"长安赵钺"，当即前文"赵钺题名"之长安官医赵钺。赵钺来此时间正德七年（1512），已为此百年之后。赵钺在该石窟多有题字，"汪辅之等题名"下有，另有单独的"赵钺题名"，此处亦有。

---

1　《明英宗实录》（第3册）卷一百十，叶三，北京：中华书局，2016年版（据红格本影印），第2220页。
2　《明英宗实录》（第6册）卷一百九十一，叶二二，北京：中华书局，2016年版（据红格本影印），第3976页。
3　《明英宗实录》（第7册）卷二百五十，叶十一，北京：中华书局，2016年版（据红格本影印），第5422-5423页。
4　《明英宗实录》（第7册）卷二百五十四，叶六，北京：中华书局，2016年版（据红格本影印），第5487页。
5　《明英宗实录》（第8册）卷二百五十四，叶五，北京：中华书局，2016年版（据红格本影印），第5837页。
6　清·张廷玉等撰《明史》（第6册）卷七十五"志第五十一·职官四·提刑按察使司"，北京：中华书局，1974年版，第1840页。

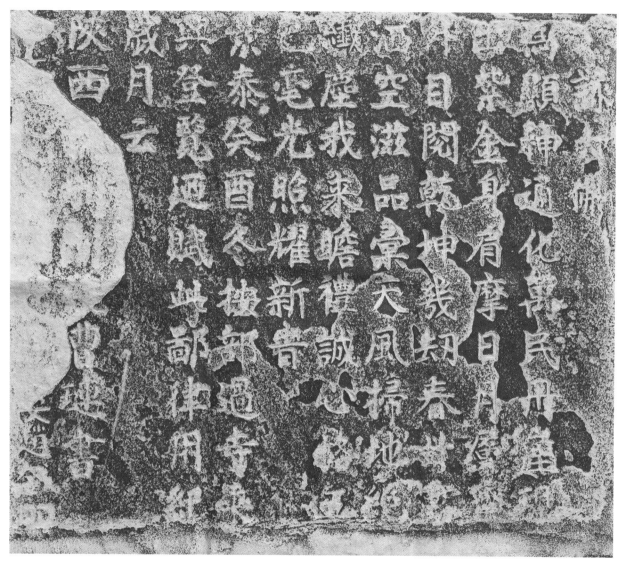

图 2-1-1 曹珽《咏大佛》诗拓片

# （二）蓝蕙题名

尺寸：0.66 米长，0.5 米高。今立于彬州大佛寺石窟院内西部连廊。

钦差镇守兰州等处御马监太监蓝 / 蕙，于成化二十年（1484）六月初三日中 / 时分经过，到寺拈香瞻礼。 / 跟随头目： / 指挥陈昇，百户戎清， / 书辨王信， / 舍人蓝敏、蓝润、蓝镛。 /
成化二十年（1484）十一月吉旦日立。 /

　　蓝蕙其人，《明实录》有载。可与石刻相证。

　　《明宪宗实录》载成化十八年（1482）闰八月蓝蕙行左少监[1]；二十二年（1486）三月巡抚陕西右副都御史郑时奏正月虏贼深入临洮、金仙杀掠，守备兰州太监蓝蕙、署都指挥金事于昇驰备失机[2]；《明孝宗实录》载弘治二年（1489）正月丙戌因蓝蕙防守无备而降左监丞[3]。此题刻可补蓝蕙前往兰州的时间。

　　《明史·职官志》载："（明洪武）二十八年（1395），重定内官监、司、库、局与诸门官，并东宫六局、王府承奉等官职秩。凡内官监十一：曰神宫监，曰尚宝监，曰孝陵神宫监，曰尚膳监，曰尚衣监，曰司设监，曰内官监，曰司礼监，曰御马监，曰印绶监，曰直殿监，皆设太监一人，正四品。"[4] 蓝蕙为御马太监之职，属正四品。其时，御马监地位较高，有统兵之权。蓝蕙当即钦差统兵之人。蓝蕙防守期间，胡虏来犯，遇敌情不报，延误军机。

　　陈昇，《明实录》载数人。比较符合此题刻中陈昇宣德九年（1434）二月辛未任宁川卫指挥[5]；景泰二年（1451）十一月辛酉任（河南卫）操备都指挥金事[6]，天顺三年（1459）五月辛丑任河南卫都指挥金事[7]。成化二年（1466）春正月时为都指挥[8]。《明实录》载此陈昇擅行军权杖责、收受贿赂，人品卑劣。按，另有一陈昇，成化七年（1471）秋七月为百户[9]，正德十六年（1521）五月由冠带总旗任命镇抚[10]，嘉靖十年（1531）八月己亥时为锦衣卫千户[11]。

　　《明史·职官志》载："都指挥使一人，正二品，都指挥同知二人，从二品，都指挥金事四人，正三品。……都司，掌一方之军政，各率其卫所以隶于五府，而听于兵部。"[12] 其时，陈昇为正二品

1　《明宪宗实录》（第5册）卷二百三十一，叶二，北京：中华书局，2016年版（据红格本影印），第3945页。
2　《明宪宗实录》（第6册）卷二百七十六，叶五至六，北京：中华书局，2016年版（据红格本影印），第4652-4654页。
3　《明武宗实录》（第1册）卷二十二，叶六，北京：中华书局，2016年版（据红格本影印），第515-516页。
4　清·张廷玉等撰《明史》（第6册）卷七十四"志第五十·职官三·宦官"，北京：中华书局，1974年版，第1825页。
5　《明宣宗实录》（第3册）卷一百八，叶十一，北京：中华书局，2016年版（据红格本影印），第2430页。
6　《明英宗实录》（第6册）卷二百十，叶九至十，北京：中华书局，2016年版（据红格本影印），第4528-4529页。
7　《明英宗实录》（第9册）卷三百三，叶四，北京：中华书局，2016年版（据红格本影印），第6416页。
8　《明宪宗实录》（第1册）卷二十五，叶四，北京：中华书局，2016年版（据红格本影印），第488页。
9　《明宪宗实录》（第3册）卷九十三，叶一，北京：中华书局，2016年版（据红格本影印），第1782页。
10　《明世宗实录》（第1册）卷二，叶九，北京：中华书局，2016年版（据红格本影印），第75-76页。
11　《明世宗实录》（第4册）卷一百二十九，叶三，北京：中华书局，2016年版（据红格本影印），第3070页。
12　清·张廷玉等撰《明史》（第6册）卷七十六"志第五十二·职官五·都指挥使司"，北京：中华书局，1974年版，第1872页。

都指挥，跟随钦差蓝蕙镇守兰州，而负责具体之军政。

百户，《明史·职官志》有载："世官九等，指挥使，指挥同知，指挥佥事，卫镇抚，正千户，副千户，百户，试百户，所镇抚。"[13] 又载："明初，置千户所，设正千户，正五品，副千户，从五品，镇抚、百户，正六品。……设指挥使及千户等官。核诸将所部有兵五千者为指挥使，千人者为千户，百人者为百户，五十人为总旗，十人为小旗。洪武二年（1369），置刻期百户所，选能疾行者二百人，以百户领之。七年（1374），申定卫所之制。先是，内外卫所，凡一卫统十千户，一千户统十百户，百户领总旗二，总旗领小旗五，小旗领军十。至是更定其制，每卫设前、后、中、左、右五千户所，大率以五千六百人为一卫，一千一百二十人为一千户所，一百一十二人为一百户所，每百户所设总旗二人，小旗十人。"[14] 戎清其人，于史无载。根据《明史·职官志》知其为正六品，统兵一百一十二人。

书辨王信，其人不详。

舍人相关情况，于《明史·职官志》中有载："（洪武）七年设直省舍人十人，寻改中书舍人。"[15] 又载："若将军营练，将军四卫营练，及勇士、幼官、舍人等营练，则讨其军实，稽其什伍，察其存逸闲否，以教其坐作、进退、疾徐、疏数之节，金鼓、麾旗之号。"[16] 蓝敏、蓝润、蓝镛所任，应为军中舍人，负责相关军务、礼仪、稽查等事。

此题刻当另有"成化二十年（1484）十一月吉旦日立"。因空间较远而多被他人误作"顾应祥题名"立石时间，实误。"顾应祥题名"时间为嘉靖丁亥（1527），远早于成化二十年（1484）四十多年。立石之人，已不可考。

13  清·张廷玉等撰《明史》（第6册）卷七十二"志第四十八·职官一·兵部·武选"，北京：中华书局，1974年版，第1751页。
14  清·张廷玉等撰《明史》（第6册）卷七十六"志第五十二·职官五·各所"，北京：中华书局，1974年版，第1874-1875页。
15  张廷玉等撰《明史》（第6册）卷七十二"志第四十八·职官一·内阁"，北京：中华书局，1974年版，第1733页。
16  张廷玉等撰《明史》（第6册）卷七十二"志第四十八·职官一·兵部"，北京：中华书局，1974年版，第1753页。

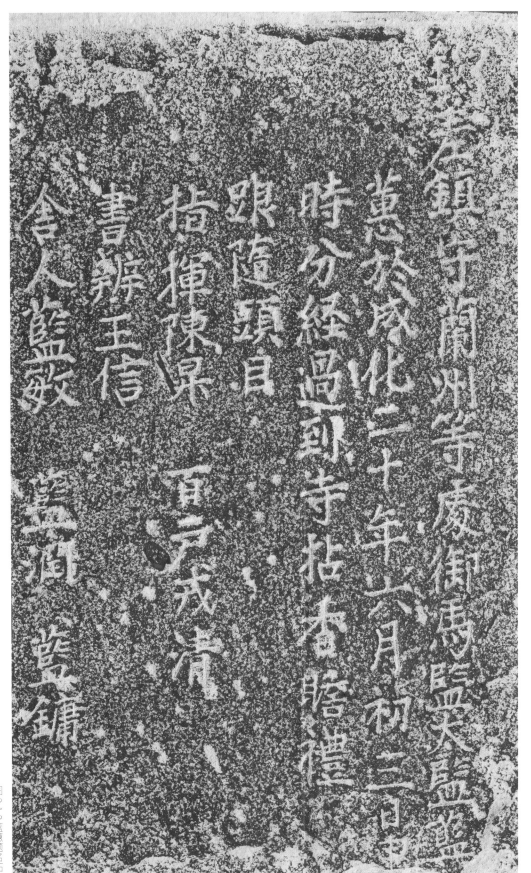

錾言鎮守闌州寺廚衛馬監妥天盬盪
童於成化二十年六月初三日
時分経過兜率寺拈香瞻禮
跟随頭目
指揮陳保
書辦王信
舍人監敷

百戸戎清
藍塾潤
盬鏞

图 2-1-2 蓝蕙题名拓片

# （三）顾应祥题名

与上一题刻"蓝蕙题名"同在一石。"泽山题"行草书题字较大，或是单独题写。最末有"成化二十年（1484）"纪年，疑与"蓝蕙题名"本为一体。"顾应祥题名"当为见缝插针之后题。

泽山题。／

明嘉靖丁亥（1527）秋七月十有六日，／山东左参政吴兴顾应祥过／此登眺，同知徐行侍焉。／

"泽山题"三字，或是桑溥于嘉靖四年（1525）所题。即前文"桑溥题名""王尚絅、桑溥题名"之桑溥。泽山为桑溥斋号。此"泽山题"三字中之"山"字与"桑溥题名"中"泽山桑溥继至"之"山"字在结体、用笔上都较为相似，故判断为桑溥所题。或是桑溥来游，见该碑空白较多，故题写。又，"蓝蕙题名"立石之人，留有大量空白，自是待后人题写。桑溥书法既佳，题名亦在常理之中。

顾应祥其人，史籍文献记载颇丰，以《长兴县志》记载最详：

顾应祥，字惟贤，号箬溪，初名梦麟。年二十三登弘治乙丑（1505）进士，授饶州府推官，视事迎刃而解。后迁锦衣卫经历、广东佥事、山东布政使、右副都御史，巡抚云南。寻召为刑部尚书，因得罪严嵩调南京刑部。精于九章勾股法。跟随阳明（王阳明）、增城（湛若水）二先生游学。其诗似白香山（白居易）、书似赵松雪（赵孟頫），年八十三去世（1483—1565），由王世贞书写墓志[1]。《明史·艺文志》载其著述：《测圆算术》四卷、《弧矢算术》二卷、《释测圆海镜》十卷，《重修问刑条例》七卷，《惜阴录》十二卷，《顾应祥文集》十四卷、乐府一卷[2]。

《明史·职官志》载："承宣布政使司。左、右布政使各一人，从二品，左、右参政，从三品，……参政、参议因事添设，各省不等，详诸道。"又载："参政、参议分守各道，及派管粮储、屯田、清军、驿传、水利、抚民等事，并分司协管京畿。"[3]《明实录》载嘉靖六年（1527）四月癸酉升陕西苑马寺卿顾应祥为山东布政使司左参政[4]。九年（1530）四月甲子升山东按察使顾应祥为本布政使司右参政[5]。十一月癸卯升为都察院右副都御史[6]。该题刻中，顾应祥为山东左参政，从三品，当即初任山东布政使左参政前往山东赴任而途径邠县。

徐行其人，史籍颇多。《单县志》所载："徐行，正统乙丑（1445）科（进士），授监察御史，仕至陕西布政司参议。"[7]时间不合，当非此徐行。《邠州志》载："徐行，越鼎卫监生，嘉靖十五年（1536）

---

1　参阅清·谭肇基监修《长兴县志》卷八"名宦·人物"，乾隆十四年（1749）刻本，叶十一至十二。

2　张廷玉等撰《明史》（第8册）卷九十六"志第七十二·艺文一"、卷九十七"志第七十三·艺文二"、卷九十八"志第七十四·艺文三"、卷九十九"志第七十五·艺文四"，北京：中华书局，1974年版，第2374页、2399页、2427页、2475页。

3　清·张廷玉等撰《明史》（第6册）卷七十五"志第五十一·职官四·承宣布政使司"，北京：中华书局，1974年版，第1838页、1839页。

4　《明世宗实录》（第3册）卷七十五，叶五，北京：中华书局，2016年版（据红格本影印），第1684页。

5　《明世宗实录》（第4册）卷一百十二，叶二，北京：中华书局，2016年版（据红格本影印），第2649页。

6　《明世宗实录》（第4册）卷一百十九，叶十二，北京：中华书局，2016年版（据红格本影印），第2840页。

7　清·王镛重修《单县志》卷七"人物·科目·进士"，康熙五十六年（1717）刻本，叶二十五。

任。"[8] 所载当即题刻所言
徐行，即州同知；只是所
言时间有误，题刻可纠补，
徐行嘉靖六年（1527）即
已为同知。《明史·职官志》
载："州。知州一人，从五品，
同知，从六品。"[9]《邻州
志》亦载地方政事之职制：
"嘉靖十九年（1540）增
设知州一员，同知一员（裁
革）。"[10]《邻州志》所载
有误，其时同知早已设立。
徐行为从六品，顾应祥为
从三品，故言"徐行侍焉"。

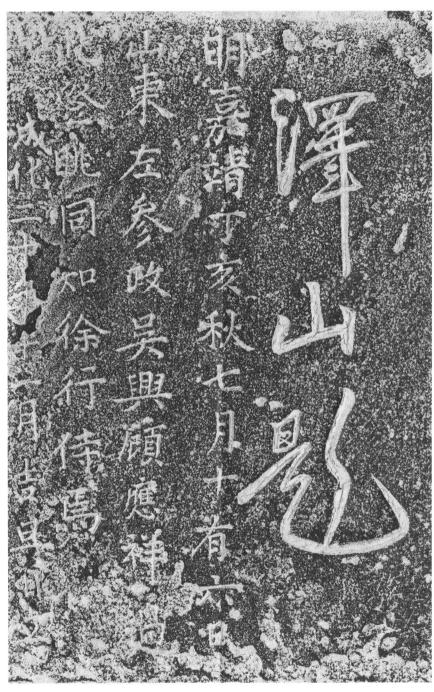

图 2-1-3 顾应祥题名拓片

8　明·姚本校、阎奉恩撰《邻州志》卷二"政事·州守·同知"，康熙刻本，据清顺治六年（1649）刻版〔嘉靖时始撰，前有万历己亥（1599）序〕增刻，叶九。

9　清·张廷玉等撰《明史》（第6册）卷七十五"志第五十一·职官四·州"，北京：中华书局，1974年版，第1850页。

10　明·姚本校、阎奉恩撰《邻州志》卷二"政事·职制"，康熙年间刻本，据清顺治六年（1649）刻版〔嘉靖时始撰，前有万历己亥（1599）序〕增刻，叶一。

# （四）李章《游大佛寺》诗

长 0.54 米，高 0.42 米。今立于彬州大佛寺石窟院内西部连廊。上多有脱落，残破数字。

游大佛寺 /
非天造兮非地裂，何人 / 凿开混沌
穴。灿烂金身 / □比伦，巍峨宝刹
真奇 / 绝。石中清冽一泉佳，洞 /
里幽玄千佛列。此理虚 / 无殊莫知，
今古游人称不辍。/
嘉靖二十二年（1543）首夏五日，
/ 督粮参政李章书。/

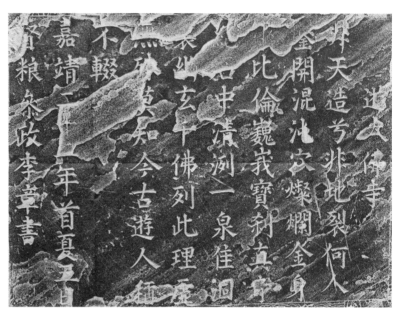

图 2-1-4 李章《游大佛寺》诗拓片

《明史·职官志》载："布政司参政、参议分司诸道。督粮道，十三布政司各一员，俱驻省城。"[1] 又载："承宣布政使司。左、右布政使各一人，从二品，左、右参政，从三品，……参政、参议因事添设，各省不等，详诸道。""参政、参议分守各道，及派管粮储、屯田、清军、驿传、水利、抚民等事，并分司协管京畿。"[2] 李章为督粮参政，即因派管粮储所添设。

明代名李章者数人，与此碑刻比较贴切的或是四川长寿人李章。《长寿县志》载："李章，正德十六年辛巳（1521）科杨维聪榜（进士）。"[3]《明实录》载嘉靖十一年（1532）四月丙申时为同知[4]。《山西通志》载其嘉靖间任盐运使[5]。《陕西通志》载其为右参政[6]。此题刻中李章官为督粮参政，与盐运使、右参政同属于承宣布政使司管理，当即一人。

1  《明世宗实录》（第 3 册）卷七十五，叶五，北京：中华书局，2016 年版（据红格本影印），第 1684 页。
2  清·张廷玉等撰《明史》（第 6 册）卷七十五"志第五十一·职官四·承宣布政使司"，北京：中华书局，1974 年版，第 1838 页、1839 页。
3  民国·陈毅夫纂修《长寿县志》卷八"选举（上）·进士·明"，民国三十三年（1944）铅印本，叶二。
4  《明世宗实录》（第 5 册）卷一百三十七，叶五，北京：中华书局，2016 年版（据红格本影印），第 3229 页。
5  清·觉罗石麟修辑《山西通志》卷八十六"名宦（四）·河东盐运司·明"，雍正十二年（1734）刻本，叶二十九。
6  清·刘于义等监修《陕西通志》卷二十二"职官三·明·承宣布政使司·右参政"，雍正十三年（1735）刻本，叶三十四。

# （五）吴道直题记

长 0.5 米，高 0.42 米。今立于彬州大佛寺石窟院内西部连廊。下部多漫漶。行草书，章草意味明显。

予奉 / 命如韩，道经邻野，感 / 别驾张乡兄命，登渠山佛阁。至则 / 远岫近峰，萦然环抱。翠楼绀阁，耸 / 然层霄碧汉之间；石室僧床，巍□ / 峭壁悬岩之上。兼之一天烟色，两 / 岸潮声；拟一登攀，下临无地，真□（遗）/ 世登仙之状也。喜况何如哉！□（爰）□（就？）二律，以纪胜游：/
佛阁望空翠，渠山□（逼？）水明。茶烟飞□（山）/ 外，僧语落天中。红叶当岩坠，白□（云）/ □面□（横）。登怜别驾令，乡况满春风。/
晚登渠山渡黑水□（河？）/
晚□（霞）双虹落，秋去一雁鸣。□□□□ / 远，秦蜀语□通。黑水当□□，□山披 / 月登。仗节宁堕泪，飘□（袂）□□□（中）。/
嘉靖甲寅（1554）中秋□（望）□（日）/ 中山太恒吴道直题。/

图 2-1-5 吴道直题记拓片

嘉靖甲寅（1554）为嘉靖三十三年（1554）。吴道直其人，《定州志》有载：嘉靖癸丑（1553）科进士，授行人，知宁波府；历藩臬，巡抚河南，升兵部侍郎，阅兵陕西。居官清慎，有"北方圣人"之称[1]。

---

1 清·黄开运续修《定州志》卷三"乡贤·明"，雍正乾隆间刻本，叶五十四。

行人，正八品，吴道直当为承担协助、传达宫廷诏封等差事。《明史·职官志》载："行人司。司正一人，正七品，左、右司副各一人，从七品，行人三十七人，正八品。职专捧节、奉使之事。凡颁行诏赦，册封宗室，抚谕诸蕃，征聘贤才，与夫赏赐、慰问、赈济、军旅、祭祀，咸叙差焉。"又载行人之设置过程："初，洪武十三年（1380）置行人司，设行人，秩正九品。左、右行人，从九品。寻改行人为司正，左、右行人为左、右司副，更设行人三百四十五人。二十七年（1394）升品秩，以所任行人多孝廉人材，奉使率不称旨，定设行人司官四十员，咸以进士为之。非奉旨，不得擅遣，行人之职始重。建文中，罢行人司，而以行人隶鸿胪寺。成祖复旧制。"[2] 吴道直此时当为行人之职。后奉命如韩即去河南任职，具体职务不详，待考。

《明实录》中有其后吴道直更为详尽的职务记载：

嘉靖四十四年（1565）十二月辛巳时任浙江宁波府知府[3]。隆庆元年（1567）四月辛丑升任山东按察司副使[4]；四年（1570）四月由江西按察司副使升任河南布政使司左参政，五年（1571）十月升河南按察司使为本布政使司右参政[5]；六年（1572）九月升为左布政使[6]。万历元年（1573）九月升为太仆寺卿，十月丁丑升为都察院右副都御史、巡抚河南地方[7]；二年（1574）闰十二月丙子升为兵部右侍郎，三年（1575）六月升兵部左侍郎[8]。

别驾张乡，其人待考。

第二首诗，缺字颇多。根据韵部可句读，然无法补全缺字。此二诗写景、言情，为"感惠徇知"之作，写景抒情，文采斐然。较前曹琏、李章之应制诗，高下立判。

2　清·张廷玉等撰《明史》（第 6 册）卷七十四"志第五十·职官三·行人司"，北京：中华书局，1974 年版，第 1809-1810 页。
3　《明世宗实录》（第 11 册）卷五百五十三，叶三，北京：中华书局，2016 年版（据红格本影印），第 8904 页。
4　《明穆宗实录》（第 1 册）卷七，叶九，北京：中华书局，2016 年版（据红格本影印），第 205 页。
5　《明穆宗实录》（第 2 册）卷四十四、卷六十二，叶二、叶七，北京：中华书局，2016 年版（据红格本影印），第 1103 页、1512 页。
6　《明神宗实录》（第 1 册）卷五，叶一，北京：中华书局，2016 年版（据红格本影印），第 185 页。
7　《明神宗实录》（第 1 册）卷十七、卷十八，叶三、叶三，北京：中华书局，2016 年版（据红格本影印），第 498 页、521 页。
8　《明神宗实录》（第 3 册）卷三十三、卷三十九，叶一、叶八，北京：中华书局，2016 年版（据红格本影印），第 770 页、917 页。

# （六）石榇诗题记

长 0.94 米，高 0.59 米。今立于彬州大佛寺石窟院内西部连廊。上部多漫漶，对照原石，亦基本可读。楷书。

万峰回合抱泾流，卷地虹 / 云色界幽。谁凿石莲悬宝 / 象，灵光千古重秦州。/

梦向禅林问道音，华严夜 / 授度凡心。觉来已悟空中 / 趣，古柏森森月满岑。/

乡（向）余分巡川南，时仲春花 / 朝，夜梦一大僧授《法华经》，/ 而读之不得。僧云：佛家事 / 要在苦修，

今世因、来世因，公知之不？既觉之，次日得 / 秦中之报，往返此寺，类□（如）梦中，故漫赋于右，

以识之。/

时万历十二年（1584）夏六月，/ 副使石榇汝南人。/

石榇其人，《汝阳县志》有传：石榇，字伯材，隆庆二年戊辰（1568）科进士；授湖广辰州府推官，后授南台御史，出为陕西行太仆寺卿，改四川金宪，迁西宁副使，转本省右布政使。后弃官归，自号西湖钓叟，卒年七十有五 [1]。

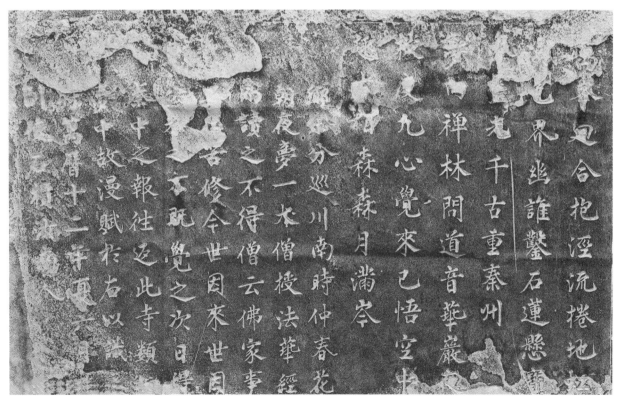

图 2-1-6 石榇诗题记拓片

1 　清·丘天英续修《汝阳县志》卷八"选举·进士·明"、卷九（下）"人物·列传·明"，康熙二十九年（1690）刻本，叶十二、叶二八。

《明神宗实录》中对石橌之记载更为详细：

隆庆六年（1572）十月任推官（湖广辰州府）；万历元年（1573）七月任南京福建道御史[2]。万历六年（1578）五月升四川金事为甘肃行太仆寺兼陕西金事、整饬庄浪兵备，兼理马政[3]；十一年（1583）二月改原任甘肃行太仆寺少卿为陕西行太仆寺少卿；十二年（1584）五月升为本省副使。十二年（1584）十一月庚寅时为御史[4]。十六年（1588）十月壬辰升陕西右参政为陕西按察使[5]，十八年（1590）七月补原任山西按察使于陕西抚治西宁[6]。

题记中言"乡（向）余分巡川南"，或即其万历六年（1578）五月前任四川金事之时。稍后即得任命为甘肃行太仆寺兼陕西金事、整饬庄浪兵备，兼理马政。《明史·职官志》载提刑按察司按察使正三品，副使正四品。按察使掌一省刑名按劾之事，副使分道巡查[7]。题刻其时石橌初任陕西副使，担任巡查之职务，此或即其往返途中所题。

2　《明穆宗实录》（第1册）卷六、卷十五，叶九、叶三，北京：中华书局，2016年版（据红格本影印），第223页、458页。

3　《明穆宗实录》（第3册）卷七十五，叶九、叶三，北京：中华书局，2016年版（据红格本影印），第223页、458页。

4　《明穆宗实录》（第4册）卷一百三十三、卷一百四十九、卷一百五十五，叶五、叶四、叶四，北京：中华书局，2016年版（据红格本影印），第2478页、2773-2774页、2866页。

5　《明穆宗实录》（第5册）卷二百四，叶四，北京：中华书局，2016年版（据红格本影印），第3815页。

6　《明穆宗实录》（第6册）卷二百二十五，叶四，北京：中华书局，2016年版（据红格本影印），第4184页。

7　清·张廷玉等撰《明史》（第6册）卷七十五"志第五十一·职官四·提刑按察使司"，北京：中华书局，1974年版，第1840页。

# （七）刘三顾《登大佛石阁》诗

长 0.49 米，高 0.43 米。今立于彬州大佛寺石窟院内西部连廊。宋体字，保存完好。

登大佛石阁 /

唐代开山旧，贞观纪 / 岁年。金身余八丈，石 / 洞俨重玄。色界传灯 / 远，天丁著象偏。西来 / 逢大觉，愧我老尘缘。/

北海泰征刘三顾书。/

崇祯纪元己巳（1629）孟秋上浣勒石。/

崇祯己巳（1629）为崇祯二年（1629）。刘三顾，《海丰县志》有载：刘三顾，万历三十七年己酉（1609）科进士，号泰徵。以孝闻，典教滋阳；因平叛白莲煽乱，被熹宗钦赏移国子监学录；陟通州刺史，调邠州，导渠水为民。补洛川，陟延安同守、延安太守；后陟潼关备兵使，改西、延、庆、凤四府监军。崇祯己卯（1639）春卒。著《茹淡斋鲁游草》《圙亭诗》，又刻《劝戒图》等书[1]。《邠州志》亦载其任邠州知州，并记

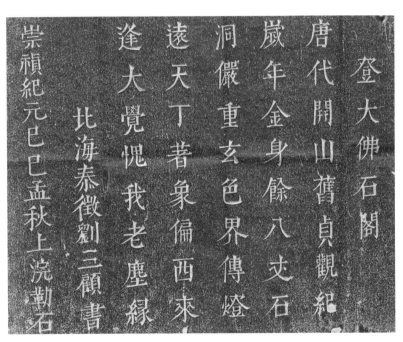

图 2-1-7 刘三顾《登大佛石阁诗》拓片

其相关情况[2]；惜无任邠州知州之时间。《陕西通志》载洛川城南知县刘三顾建有泰徵书院，作台高二丈许[3]。

题刻其时为崇祯二年（1629）孟秋上旬，题记中不言官职，或即初调任邠州知州，可补方志文献之不足。题记中言"北海泰徵刘三顾书"，北海为其郡望，泰徵为其号。

该题刻是所有石刻中唯一宋体字刻，整齐分布如算子。若如题记所言，此当为刘三顾书。又似非刘三顾书写，而为工匠径刻。

1　清·胡公著纂修《海丰县志》卷七"选举·举人·明·万历"、卷十"人物·宦达·明"，康熙九年（1670）刻本，叶七、叶十五至十六。
2　明·姚本校、阎奉恩撰《邠州志》卷二"政事·州守"，康熙年间刻本，据清顺治六年（1649）刻版〔嘉靖时始撰，前有万历己亥（1599）序〕增刻，叶八。
3　清·刘于义等监修《陕西通志》卷二十七"学校·鄜州"，雍正十三年（1735）刻本，叶三十三。

# 清

现存清人碑刻十通（八石），其中前三通同在一石。这些碑刻主要包括清人诗题刻、维修记及捐金姓名碑三种。

# （一）汪赓《登大佛阁》诗题刻

前三题刻同在一石，今立于彬州大佛寺石窟院内西部连廊。草书。

登大佛阁 /

无为无相本天真，应现紫金八丈 / 身。碧巘洞开龙象合，青螺浮翠 / 宰宦新。香台莫比微尘刹，净法 / 怕多大地春。解得如来趺坐意，慈 / 航先渡古南齯。/

候选文林郎吴门汪赓□（陵）臣甫 / 题。/

钤印"汪赓""陵臣氏"

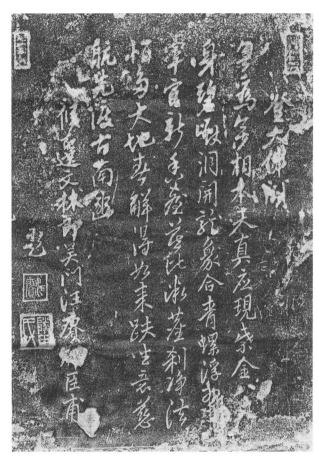

图 2-2-1 汪赓《登大佛阁》诗题刻拓片

由第三通之后跋可判断该题刻为清康熙年间所题。

《清史稿·选举制》载清之封赠之制，文林郎为正七品[1]。又《清史稿·舆服志》载："凡文、武候补、候选官顶带均与现任同。"[2]汪赓其人，待考。

1　清·赵尔巽等撰《清史稿》卷一一六"志八十五·选举五·封荫"，叶一；《续修四库全书》（第296册），上海：上海古籍出版社，2002年版，第342页（上）。

2　清·赵尔巽等撰《清史稿》卷一〇九"志七十八·舆服二·文武官冠服"，叶十六；《续修四库全书》（第296册），上海：上海古籍出版社，2002年版，第303页（上）。

# （二）董天雍诗题刻

前三题刻同在一石，今立于彬州大佛寺石窟院内西部连廊。行楷书。

清凉开辟唐贞观，象教西来监刹竿。石／龛泉滴珠圆满，水帘洞透玉虚寒。梯云直／接仙人迹，峭壁应跻隐钓磻。麋鹿同游□（思）□（留）／落，归来明月照征鞍。／
候选征侍郎江宁董天雍其申甫题。／

引首印不清，文右上印亦不清，右下有"董天雍"及"简□"印两方。

《清史稿·选举制》载清之封赠之制，徵仕郎为正七品。[1]又《清史稿·舆服志》载："凡文、武候补、候选官顶带均与现任同。"[2]董天雍其人，待考。

图 2-2-2 董天雍诗题刻拓片

1　清·赵尔巽等撰《清史稿》卷一一六"志八十五·选举五·封荫"，叶一；《续修四库全书》（第 296 册），上海：上海古籍出版社，2002 年版，第 342 页（上）。

2　清·赵尔巽等撰《清史稿》卷一〇九"志七十八·舆服二·文武官冠服"，叶十六；《续修四库全书》（第 296 册），上海：上海古籍出版社，2002 年版，第 303 页（上）。

# （三）汪道旭跋记

前三题刻同在一石，今立于彬州大佛寺石窟院内西部连廊。下部及末后三行残泐过甚，行楷书。引首印和文末二钤印皆不清。

康熙辛酉（1681）春王（汪）偕同人董子其申揽辔归西，邂／逅晋楼高士宋先生，适王太史留饮，□□□□／山水之间，直探薜萝邃穴；峭壁危崖，徙倚流□□／将高。就下瞻／大佛金容，殊觉不凡。询诸土人，云自贞观间，所见非假，人□□，／官亦□（言？）之但但。今纵观山洞水壶莹澈，蓖宫珠泉环映，华藏／庄严，询壆西之一小有天也。不觉万缘俱寂，顿迷左／道，以从此指促攀鞍，又俗之甚焉。因口占俚二首，□□／其事……□也，情嘱神逸，兴复不浅，进重□也□／皆□洗矣 檀林居士汪道旭跋。／

汪道旭，其人待考。

图 2-2-3 汪道旭题记拓片

# （四）康熙年佚名诗题刻

今立于彬州大佛寺石窟院内西部连廊。

鄂国功成成湜空，小／发贤扫扫尘宁。赤悬／凿石打金仙，像教／非无意心源。□有／传遗□泾□，□阁／忆凌烟。康熙□□，／左□□□／陕□□□□

# （五）康熙黄明修大佛寺记碑

今立于大佛洞层楼西侧，镶嵌于砖壁。如宣传所描绘：圆首碑，石灰岩质，高 3.95 米，宽 1.12 米。碑首刻有二龙戏珠，龙身相互盘绕；刻有"重修大佛寺记"两行六字。碑身为长方形，圆首下部有浮雕的麒麟和飞鹤，左右边栏处有线刻的云龙花草纹。碑座为龟形，龟首已残。

粤稽佛教之兴，汉唐始盛。历代／帝王，莫不敬礼。意在假神设教，以慈化俗。上而先哲宰官，下至贩夫织妇，皆皈依顶礼，祈禳祷祀，往往桴应。是佛亦因人之趋向，而示以灵显报应。未始非范民，治世之／周行也。

邠州之西有大石佛寺，创□（于？）唐贞观年间。考诸郡志，始其事者，敬德尉迟公也。离邠二十里，依山凿石。天然屏峙，毫无罅隙。就石理像，／如来居中。法身高至八丈五尺有奇，俨如天造地设，宇内无与埒者。四维琢龛，加以廊楹。诚为西秦一大奇境，历今二千余年。

明正统十三年（1448）为御马中官刘公偕邠守／柳君为之重修，／本朝孟制军又为扫除而丹艧之。垂几十年，风雨剥落，苔将佛面。甲戌（1694）冬，予赴任高平，驱车过此，触目动念。迫于例限，中心藏之，未能有举，坠兴仆之力也。乙亥（1695）夏，公事／赴省，道出寺门，曾进寺僧如修，计此工需费几何，如修以五六百金对。予度清俸无几，量给二十金，先为制瓦，暂蔽风雨。戊寅（1698）冬，因公复之长安，三过寺门，稍憩礼拜。／予时默祷佛前，若量移近地，必费资重建。未几，予列循卓之选，忽因罚俸微嫌，与荐不果。迨西安粮储悬缺，推擢有人，经时既久，乃转展改移，

图 2-2-5 康熙黄明修大佛寺记碑拓片

补予承乏（之）。岂非佛意／有属，而使予遂就近修葺之愿乎？！

予知前制宪吴大人暨今抚宪鄂大人，频年因公巡历，往复于斯。睹此名山日古，向萌善缘，遂禀请两大人为之首倡。予偕／邠牧王君，身任其事。王君绘图估计，予先费千金，嘱王君亲为经理，改旧更制，筑台建殿，上与山齐。益以廊庑阶级，凿以"慈航"匾额。将次乐成，忽尔王君里误，予亦因／别厘盐蠹，顿罹无妄风波，已不复计其巨工能竣也。岂知王君先蒙／皇恩留任，予亦迭蒙／圣明昭雪，又会鄂大人秉节秦疆，此工竟尔告成矣。

试观重台轮奂，佛像巍峨，殿宇庄严，庑廊璀灿，上悬匾额，下等阶梯，可以安神灵而邀福庇，可以壮观瞻而扼险／要。拜礼其下，如有五色祥云，缭绕其上；遍净土有名山，有名山皆崇如来佛像。扣诸大众，宇宙间可与埒者，能有几乎？藉非方伯之开府三秦，予与王君之蒙／恩复任，势必中道而止，鲜克有终，安望其美轮美奂有如今日者哉？予因知佛力广大，显示来兹，真范民治世之周行；以慈化俗，未必无小补云尔。故勒石以志之。／

龙飞康熙四十二年（1703）岁次癸未二月谷旦，陕西布政司、分守西、延、凤、汉、兴等处、督理粮盐道参政加七级晋江黄明敬立。／


下另有小字：

督工：／本道家人张德、／本州家人张志弘；／

乡约：／崔荣（崇）粲、席世荫、齐思圣、刘□、／武继仁、张廷贵、赵之珍、王奉祥、／王奉□、席世茂、任尚居；／

主持僧照慧，徒普意、／普行、／普礼。／


该碑信息丰富，详解如下：

**第一，黄明之经历**

《清实录》康熙朝实录载：康熙四十一年（1702）六月时任陕西粮盐道（卷二百八）[1]；四十三年（1704）二月升为江西按察使司按察使[2]；四十五年（1706）秋七月升为浙江布政使司布政使[3]；四十八年（1709）三月因诈财殃民被革职、秋后处决[4]。

另，据题刻知其甲戌（1694）冬曾赴任高平，不知何职务。落款中其职务之陕西布政司分守西、延、凤、汉、兴等处可补史籍所载之不足，即其不止为督理粮盐道参政。

**第二，黄明对于邠大佛之认识**

黄明认为佛教可以"范民""治世""以慈化俗"，更兼邠寺大佛为西北之地一大奇观，故应保护、维修。

1　《清实录》（第 6 册）"圣祖仁皇帝实录（三）"卷二百八，叶五；北京：中华书局影印版，1985 年版，第 115 页（上）。
2　《清实录》（第 6 册）"圣祖仁皇帝实录（三）"卷二百十五，叶九；北京：中华书局影印版，1985 年版，第 181 页（下）。
3　《清实录》（第 6 册）"圣祖仁皇帝实录（三）"卷二百二十六，叶四；北京：中华书局影印版，1985 年版，第 267 页（下）。
4　《清实录》（第 6 册）"圣祖仁皇帝实录（三）"卷二百三十七，叶五；北京：中华书局影印版，1985 年版，第 369 页（上）。

**第三，黄明认为大佛之兴建始于唐贞观年间，为尉迟敬德负责营建**

按，此为讹传，尉迟敬德与邠寺大佛营建之关联以及史志文献、石刻史料中相关的记载问题，有必要专门梳理。

**第四，参与维修之人信息**

明正统十三年（1448）"御马中官刘公"指的是刘永诚，而非刘谨。刘永诚铸有钟，钟铭为正统十五年（1450）；前文考刘谨题名时间在掌司礼监及内官监之前、武宗继位之初的弘治十八年（1505）至正德元年（1506）十月之间，以弘治十八年（1505）的可能性为大。

"邠守柳君"指的是时任邠州知州的柳荣：《邠州志》载其为陕西汾州举人，正统十一年（1446）任邠州知州，甚得民心，后升陕西布政司参议[5]。

制军即为总督，孟制军即总督孟乔芳[6]。《清史稿》记载孟乔芳较详：

孟乔芳，字心亭，直隶永平人。仕明为副将，天聪四年（1630）出降，仍为副将；五年（1631）七月为刑部汉承政、授世职二等参将；崇德三年（1638）改左参政；七年（1642）为汉军镶红旗人。顺治元年（1644）改左侍郎；二年（1645）四月以兵部右侍郎兼右副都御史、总督陕西三边；三年（1646）随军入川平叛；四年（1647）五月帅军驻固原；督陕西前后十年，十年（1653）十二月卒，谥忠毅[7]。孟乔芳维护大佛寺时间在顺治二年（1645）至十年（1653）之间。另，《邠州志》收录其诗一首："过大佛寺 孤竹孟乔芳（总督陕西军门）祥瑞符周代，金身现汉时。移来不及考，趺坐护清黎。"[8]该诗亦此阶段所题。

邠州知州柳荣、陕西总督孟乔芳维修维护信息其他史料未载。

**第五，此次维修、重建之经过**

一、因黄明督陕西粮道从康熙四十一年（1702）六月至四十三年（1704）二月仅一年半时间，所以另"禀请前制宪吴大人暨今抚宪鄂大人""邠牧王君亲为总理"。

"前制宪吴大人"即前陕西总督吴赫，其生平如下：

《清实录》康熙朝实录载：康熙二十六年（1687）三月由兵部郎中升陕西按察使司按察使[9]；三十年（1691）八月升为山西布政使司布政使，后调为甘肃布政使司布政使[10]；三十一年（1692）

5 参阅明·姚本校、阎奉恩撰《邠州志》卷二"政事·州守·知州"，康熙年间刻本，据清顺治六年（1649）刻版〔嘉靖时始撰，前有万历己亥（1599）序〕增刻，叶六。

6 彬州大佛寺石窟博物馆馆长孙彬荣先生在著述中已经指认孟制军为孟乔芳、前制宪吴大人为吴赫、今抚宪为鄂海。参阅孙彬荣编著《邠县石室全录：彬县大佛寺石窟匾额、题记、石碣、石碑考释》"石碑·黄明纪事碑"，西安：三秦出版社，2017年版，第125页。后文所引不再赘注。按，该书此三人信息所述颇略。

7 清·赵尔巽等撰《清史稿》卷二四三"列传二十四"，叶七至十一；《续修四库全书》（第298册），上海：上海古籍出版社，2002年版，第474页（下）至476页（下）。

8 明·姚本校、阎奉恩撰《邠州志》卷四"题咏"，康熙年间刻本，据清顺治六年（1649）刻版〔嘉靖时始撰，前有万历己亥（1599）序〕增刻，叶三十二。

9 《清实录》（第5册）"圣祖仁皇帝实录（二）"卷一百二十九（页数不详），北京：中华书局影印版，1985年版，第387页（下）。

10 《清实录》（第5册）"圣祖仁皇帝实录（二）"卷一百五十二，叶十三、叶十四；北京：中华书局影印版，1985年版，第685页（下）、686页（上）。

二月升为甘肃巡抚[11]，十月调为陕西巡抚[12]；三十三年（1694）十月升为四川、陕西总督[13]；三十八年（1699）九月癸丑调为刑部右侍郎[14]；四十年（1701）十月以原任工部右侍郎为正黄旗蒙古副都统[15]；四十九年（1710）二月任归化城都统[16]。《清史稿》亦记其任四川、陕西总督在康熙三十三年（1694）十月丙申[17]。

"今抚宪鄂大人"即时任陕西巡抚之鄂海，其生平如下：

《清实录》康熙朝实录载：康熙三十七年（1698）十月升陕西按察使为陕西布政使司布政使[18]；四十年（1701）十一月升陕西布政使为陕西巡抚[19]；四十九年（1710）十月升陕西巡抚为湖广总督[20]；五十二年（1713）夏四月由湖南总督调补川陕总督[21]；五十七年（1718）十月由陕西四川总督为陕西总督[22]。《清史稿》有传：温都氏，满洲镶白旗。亦载三十七年（1698），迁布政使；四十年（1701），擢巡抚；四十九年（1710），授湖广总督[23]。题刻为康熙四十二年（1703），其时鄂海任陕西巡抚。"邠牧王君"即邠州知州王世爵。《直隶邠州志》有记载："王世爵，厢（镶）黄旗，监生，康熙四十一年（1702）任（邠州知州）。"[24]

**二、本次维修主要内容如下：**

1. 筑台建殿，廊庑阶级：今天所见到的大佛寺石窟的高台建筑中的大佛洞前的部分，为本次维修所筑造。在毕沅《关中胜迹图志》（1776）中的"邠州大佛寺图"即已有[25]。另，毕沅著作之图中并无左右的平台，这两部分是后来所增补、更改，时间为21世纪；常青著作《彬县大佛寺造像艺术》（1998）一书中的图版与今天的颇有不同，可作参照[26]。另，廊庑阶级或部分保留，在大佛洞前平台西侧（今已不允许通行），其他或因左右两部分平台建造而拆除。

2. 凿以慈航匾额：今天所见到的"觉路""明镜台""庆寿寺"三匾额当是此次维修所题。三匾额分别在明镜台一层门洞上方、二层券洞上方、最上八角攒尖亭子（今所见为六角，当是建造时舍却了与石壁接触的二角）北边悬挂。具体疏证，见后文"匾额"部分。

11 《清实录》（第5册）"圣祖仁皇帝实录（二）"卷一百五十四，叶十三；北京：中华书局影印版，1985年版，第704页（下）。
12 《清实录》（第5册）"圣祖仁皇帝实录（二）"卷一百五十七，叶七；北京：中华书局影印版，1985年版，第728页（下）。
13 《清实录》（第5册）"圣祖仁皇帝实录（二）"卷一百六十五，叶六；北京：中华书局影印版，1985年版，第798页（上）。
14 《清实录》（第5册）"圣祖仁皇帝实录（二）"卷一百九十五，叶四；北京：中华书局影印版，1985年版，第1059页（上）。
15 《清实录》（第6册）"圣祖仁皇帝实录（三）"卷二百六，叶一；北京：中华书局影印版，1985年版，第93页（下）。
16 《清实录》（第6册）"圣祖仁皇帝实录（三）"卷二百四十一，叶六；北京：中华书局影印版，1985年版，第399页（上）。
17 清·赵尔巽等撰《清史稿》卷七"本纪七·圣祖本纪二"，叶十七；《续修四库全书》（第295册），上海：上海古籍出版社，2002年版，第117页（上）。
18 《清实录》（第5册）"圣祖仁皇帝实录（二）"卷一百九十，叶九；北京：中华书局影印版，1985年版，第1017（上）。
19 《清实录》（第6册）"圣祖仁皇帝实录（三）"卷二百六，叶十一；北京：中华书局影印版，1985年版，第98页（下）。
20 《清实录》（第6册）"圣祖仁皇帝实录（三）"卷二百四十四，叶四；北京：中华书局影印版，1985年版，第420页（下）。
21 《清实录》（第6册）"圣祖仁皇帝实录（三）"卷二百五十四，叶十七；北京：中华书局影印版，1985年版，第517页（上）。
22 《清实录》（第6册）"圣祖仁皇帝实录（三）"卷二百八十一，叶十五；北京：中华书局影印版，1985年版，第751页（下）。
23 清·赵尔巽等撰《清史稿》卷二百七十六"列传六十三"，叶八；《续修四库全书》（第298册），上海：上海古籍出版社，2002年版，第646页（上）。
24 清·王朝爵主修《直隶邠州志》卷十五"官属十五下·国朝知州"，乾隆四十九年（1784）刻本，叶十一。
25 参阅清·毕沅撰《关中胜迹图志》卷二十七"邠州·古迹（祠宇）"，乾隆四十一年（1776）成书、民国十五年（1926）陕西通志铅印本，叶三、叶四，叶二十二。
26 参阅常青《彬县大佛寺造像艺术》"第二章 大佛寺石窟的造像艺术"，北京：现代出版社，1998年版，第28页。

# （六）本州捐金姓名

今立于彬州大佛寺石窟院内西部连廊。高 1.7 米，宽 0.88 米，厚 0.21 米。圆形碑首，碑首左右各刻一龙形飞天，周边排列卷云纹；正中上部刻一福字纹，下刻楷书"皇清"二大字。碑身左右两侧对称刻有太极符号、瓶花、福字纹、菱形格纹等，碑身正文楷书。

本州捐金姓名 /

陕西 /

总督鄂山施银三十三两四钱八分 /

布政使史谱施银二十三两四钱八分 /

按察使方□（载）豫施银二十三两四钱八分 /

督粮道尹佩珩施银二十三两四钱八分 /

盐法道查廷华施银二十三两四钱八分 /

府经廳刘祖昆施银二两 /

东差局施银六十两 /

西差局施银三十两 /


周西京、赵居贞、徐崇志、张增善、袁孝五人各六两，马良、刘得信各五两，杨春光四两，刘必达、张经各二两四钱，油行二两，王翰、芦恕、芦增广、杨茗、杨为楫、九房、斗行、纸行八人各一两二钱；

秦振华、程克成、杨登会、芦信、杨若燎、李佑、周和邦、合成号、胡广礼、蒙义、永春当、张箴、酒房合行十三人各一两；

秦兴新号、宋三元、杨士魁、快班、新平驿五人各八钱；芦中魁四钱；

胡登科、□□、杨恒、纪万福、杨梓、杜信六人各六钱；

杨怀德、冯自恭、韩班、王登第 永顺和号五人各五钱；

西所、李信、李文柄、孙孝、郭春、尚多勤、胡希达七人各三钱，共零布施二两一钱；

以上共施银壹伯（佰）八十两陆钱零。


拜家河 /

积玉井十二两，长发井、长盛井各八两，丰盛井六两，李昶五两，王永升四两，永丰井、顺玉井、郭生秀、王福泰四人各三两六钱，永远井三两，蓝学盈二两四分，李昱、孔道凝、胡起仁、张文修四人各二两，靳省、韩辅国各一两六钱，赵世英一两五分，李福、高明、郭自致、庙后井、张如干、王云、曹应义、杜肖八人各一两二钱；

图 2-2-6 本州捐金姓名拓片

李若□、冯禄、孔道成、徐朝、新盛合号、李皓、通顺老号、杨楫、杜福九人各一两二钱，陈志思、刘起孝、南路、刘永凝四人各一两，宋双登、公兴德号、程步青三人各八钱，致盛合号、车会、王自凝、赵勤、郭建宗、曹珍、叶应世、孙茂、吴广财、徐恒、魁盛德号十一人各六钱；

马世昌、张文仲、三原居、□盛恒号、玉盛井、永兴隆号各五钱，王德、刘致云各四钱，郭智、永升通号、韩双库、典盛店、李凌云、蓝廷夏、公义店、复典洪号、永升隆号、新丰恒号、仁义恒号十二人各三钱六分，零布施七两一钱。

共布施壹伯（佰）叁拾肆两零。/

太峪镇 /

万顺老号、梁栖风各四两，蒙良能、蒙良器、郭登科、范士英、张学思五人各三两六钱，蒙登魁、天佑酒店、郭进、广盛公号、永泰玉号五人各二两四钱，逢原中号二两，蒙进玉、李自立、万军镇各一两六钱，惠士英、李秋元、哈岗、典隆酒店四人各一两二钱，蒙进仁、蒙进、胡善贵三人各八钱，蒙俊、张致凝、刘连三人各六钱，陈田玉、蒙自修、张书信、景泰玉号四人各五钱，复典老号四钱，刘士元、陈忠、范成仁、顺兴廒、王邦凝五人各三钱六分，零布施十两五钱。/

共布施陆拾捌两五钱零。/

大佛寺本社 /

布施伍两捌钱零，/

路缘拾两肆钱零。/

计开费用账目：/

本城拜家河、太峪镇请布施 / 酒席，共银三十四两九钱零。/ 买木料并脚，价 / 共银四十九两四钱零。/ 砖瓦并脚，价 / 共银一百五十九两八钱零。/ 石灰共银三十二两一钱零。/ 土基、麦草、钉子、家具，共银四十二两廿□……/ 米、麵、油、盐、捡菜□……共银九十一□（两）……/

木匠罗邦信工银四□（两）……/ 泥水匠沈管、孙自法、杨……/ 罗万登、罗吉、沈……/ 工银十八两九钱……/ 石匠连瑞□（廷？）、王□（采？）工银六两八钱□（零）；/ 出工头□（孙）□、罗德□工银六□……/ 油红工银十四两七□（钱）……/

住持修慧、徒体□……/

以上 共布施银伍伯（佰）壹拾柒□（两）……/ 共费银伍伯（佰）壹拾玖两零。/

　　本碑为当地人捐金人姓名。当缘于某人号召修补大佛寺，后本州所在官吏、地方商号、百姓等捐银。待修补院墙、增添家具等一应事宜完毕后，统计账目，包括：招待拜家河、太峪镇布施者酒席费用，购买建筑材料及家具费用等。

　　查询史籍文献，有捐金姓名人的更多信息。

### 一、鄂山简历

鄂山其人，《清史稿》有载：道光五年（1825）五月戊申调为陕西巡抚，九月乙酉以鄂山署陕甘总督，十月庚辰又回陕西巡抚，六年（1826）秋七月癸巳再次署陕甘总督[1]。《清实录》道光朝实录载：道光十年（1830）九月仍署陕甘总督[2]，十一年（1831）二月以陕西巡抚鄂山为四川总督[3]。该碑所立时间当在道光五年（1825）九月至十一年（1831）二月之间。

今已有更多梳理：鄂山（1770-1838），字润泉，博尔吉特氏，满洲正黄旗人，清朝重臣。嘉庆元年（1796）进士，初任知县，升知州、知府。道光三年（1823）任河南按察使，调任陕西布政使；五年（1825）升陕西巡抚，署陕甘总督；讨伐新疆外侵有功，加太子太保衔十年；十年（1830）调任四川总督，主张严禁鸦片；十三年（1833）署成都将军，十五年（1835）平叛少数民族反抗斗争；十八年（1838）升刑部尚书、补正黄旗汉军都统；同年去世，追赠太子太师衔[4]。

### 二、史谱简历

史谱其人，《乐陵县乡土志》有载：史谱，字荫堂。未弱冠中乾隆壬子（1792）举人，嘉庆乙丑（1805）进士，授翰林，历广东、湖北试官。后授光禄卿，升兵部左侍郎卒[5]。当下已有史谱简历的学术研究成果：史谱（1776-1837），号荔园。工书法，偶作山水，笔墨苍劲[6]。

《清实录》有更为详细的记载。《清实录》嘉庆朝实录载：嘉庆二十二年（1817）闰六月时任浙江道御史，为副考官[7]。《清实录》道光朝实录载：道光二年（1822）正月由浙江盐运使转为江西按察使[8]，九月为云南布政使[9]；八年（1828）八月为陕西布政使[10]。十年（1830）十二月为巡抚[11]；十三年（1833）九月调为贵州巡抚[12]，十二月以光禄寺卿为詹事府詹事[13]；十四年（1834）十一月以内阁学士署兵部右侍郎、实授兵部右侍郎[14]；十六年（1836）三月以兵部右侍郎兼署工部右侍郎，兼管钱法堂事务[15]，五月转兵部右侍郎为左侍郎[16]，九月因病解任[17]。

碑刻中，史谱官职为陕西布政使，根据《清实录》所载的其任职时间八年（1828）八月至十年（1830）

---

1　清·赵尔巽等撰《清史稿》卷十七"本纪十七·宣宗本纪一"，叶十、叶十一；《续修四库全书》（第 295 册），上海：上海古籍出版社，2002 年版，第 222 页（下）、223 页（上）。

2　《清实录》（第 35 册）"宣宗成皇帝实录（三）"卷一百七十四，叶三；北京：中华书局影印版，1986 年版，第 103 页（下）。

3　《清实录》（第 35 册）"宣宗成皇帝实录（三）"卷一百八十四，叶二十；北京：中华书局影印版，1986 年版，第 918 页（下）。

4　王宏刚主编《中国民族百科全书 12》"满族·人物"，北京：世界图书出版公司，2015 年版，第 230 页。

5　清·徐寿彭续修《乐陵县乡土志》卷三"耆旧录·事业"，宣统元年（1909）刻本，叶三十至三十一。

6　刘廷銮、孙家兰编著《山东明清进士通览·清代卷》，济南：山东文艺出版社，2015 年版，第 290 页。

7　《清实录》（第 32 册）"仁宗睿皇帝实录（五）"卷三百十九，叶十二；北京：中华书局影印版，1986 年版，第 232 页（上）。

8　《清实录》（第 33 册）"宣宗成皇帝实录（一）"卷二十八，叶五至六；北京：中华书局影印版，1986 年版，第 501 页（上）（下）。

9　《清实录》（第 33 册）"宣宗成皇帝实录（一）"卷四十一（页数不详）；北京：中华书局影印版，1986 年版，第 740 页（下）。

10　《清实录》（第 35 册）"宣宗成皇帝实录（三）"卷一百四十，叶十九；北京：中华书局影印版，1986 年版，第 154 页（上）。

11　《清实录》（第 35 册）"宣宗成皇帝实录（三）"卷一百八十二（页数不详）；北京：中华书局影印版，1986 年版，第 781 页（上）。

12　《清实录》（第 36 册）"宣宗成皇帝实录（四）"卷二百四十三（页数不详）；北京：中华书局影印版，1986 年版，第 653 页（下）。

13　《清实录》（第 36 册）"宣宗成皇帝实录（四）"卷二百四十六（页数不详）；北京：中华书局影印版，1986 年版，第 708 页（下）。

14　《清实录》（第 36 册）"宣宗成皇帝实录（四）"卷二百六十（页数不详）；北京：中华书局影印版，1986 年版，第 958 页（下）、962 页（上）。

15　《清实录》（第 37 册）"宣宗成皇帝实录（五）"卷二百八十，叶八；北京：中华书局影印版，1986 年版，第 314 页（上）。

16　《清实录》（第 37 册）"宣宗成皇帝实录（五）"卷二百八十三（页数不详）；北京：中华书局影印版，1986 年版，第 375 页（下）。

17　《清实录》（第 37 册）"宣宗成皇帝实录（五）"卷二百八十八，叶十六；北京：中华书局影印版，1986 年版，第 449 页（上）。

十二月，可知题刻时间亦在这时间段内。

### 三、方载豫简介

方载豫其人，《祥符县志》有载：方载豫，字松槃，祥符人。家贫，读书萧寺。乾隆丙午（1786）举于乡，由教习除陕西大荔县知县；升同州府知府，调西安，擢潼商道甘肃按察使；授甘肃布政使[18]。

《清实录》嘉庆朝实录有具体记载：嘉庆九年（1804）二月时任陕西知州[19]，二十三年（1818）七月调陕西陕安道为甘肃按察使[20]；《清实录》道光朝实录载：道光六年（1826）九月命前任甘肃按察使驰赴甘肃听候差委[21]，十一月饬令前任臬司方载豫驰赴乌噜木齐（今乌鲁木齐）[22]；七年（1827）五月调前任甘肃按察使为陕西按察使[23]，闰五月补授陕西臬司[24]；九年（1829）四月以陕西按察使为甘肃布政使[25]；十三年（1833）正月年老致休[26]。

可进一步缩小碑刻的具体时间为史谱任陕西布政使的道光八年（1828）八月后至方载豫调任甘肃布政使的道光九年（1829）四月前这段时间内。

### 四、尹佩珩简介

作为地方名人的尹佩珩，已有较多个人简介的梳理。综合如下：

尹佩珩，乾隆三十二年丁亥（1767）四月初一日生，字实夫、玉山，号集虚，云南蒙自人[27]。尹壮图之子，嘉庆十六年（1811）庚戌科第三甲第十一名进士[28]。十九年（1814）四月七日散馆，改户部主事，历官至陕西督粮道；工书[29]。另有尹壮图撰、尹佩珩续编《楚珍自记年谱》一卷，道光五年（1825）刻本[30]。

题刻时间可补尹佩珩任陕西督粮道的时间。

### 五、查廷华简介

查廷华相关经历，辛德勇先生已经有了简单梳理：

查廷华，字九峰，号实庵，安徽泾县人。曾先后为浙闽总督、福建巡抚衙署执掌往来奏章；嘉庆初由友人代捐通判，十三年（1808）补授福州府通判，署理海防同知；十六年（1811）署理台湾府淡

---

18 清·沈传义监修《河南开封县志（旧名祥符县）》卷四"选举表·举人·国朝"、卷十五"人物志·名臣列传·国朝"，光绪二十四年（1898）刻本，叶三十四、叶六十六。

19 《清实录》（第29册）"仁宗睿皇帝实录（二）"卷一百二十六（页数不详）；北京：中华书局影印本，1986年版，第705页（上）。

20 《清实录》（第32册）"仁宗睿皇帝实录（五）"卷三百四十四（页数不详）；北京：中华书局影印本，1986年版，第555页（上）。

21 《清实录》（第34册）"宣宗成皇帝实录（二）"卷一百五（页数不详）；北京：中华书局影印版，1986年版，第740页（下）。

22 《清实录》（第34册）"宣宗成皇帝实录（二）"卷一百十（页数不详）；北京：中华书局影印版，1986年版，第838页（上、下）。

23 《清实录》（第34册）"宣宗成皇帝实录（二）"卷一百十七（页数不详）；北京：中华书局影印版，1986年版，第980页（上）。

24 《清实录》（第34册）"宣宗成皇帝实录（二）"卷一百十八，叶四；北京：中华书局影印版，1986年版，第984页（下）。

25 《清实录》（第35册）"宣宗成皇帝实录（三）"卷一百五十五（页数不详）；北京：中华书局影印版，1986年版，第381页（上）。

26 《清实录》（第36册）"宣宗成皇帝实录（四）"卷二百三十，叶三十四；北京：中华书局影印版，1986年版，第454页（下）。

27 朱彭寿编著，朱鳌、宋苓珠整理《清代人物大事纪年》，北京：北京图书馆出版社，2005年版，第764页。

28 张佐、耿嘉福著《云南科举家族：士子青云录，家族荣耀谱》"临安府·蒙自——四大家族耀边城"，昆明：云南人民出版社，2018年版，第145页。

29 朱桂昌著《钱南园研究论集》"清代云南馆选人物传略"，昆明：云南人民出版社，2008年版，第220页；张根全著《中国美术家人名辞典》，杭州：西泠印社出版社，2009年版，第99页。

30 王水乔著《云南藏书文化研究》"第九章 云南公共图书馆及其他各类图书馆的藏书·第二节《云南丛书》的编纂"，昆明：云南人民出版社，2015年版，第289页。

水厅同知；二十三年（1818）选授河南南汝光道。道光三年（1823）起复授职京兆，六年（1826）奉调兰州，襄理西北军务。有《家居自述》一书，撰于嘉庆二十五年（1820）[31]。

《清实录》道光实录载：道光六年（1826）七月署陕甘总督鄂山奏调陕西盐法道查廷华赴甘帮办[32]。知题刻中查廷华及之前数人，皆与鄂山有较为密切关联。

### 六、刘祖昆简介

刘祖昆，勾稽史料可知：

道光二十八年（1848）十月二十三日其曾任代理镇南州试用府经历、借补马龙州吏目，因其首获斩枭匪犯一名、斩决两名、绞候两名，被林则徐拟请以应升之缺升用[33]。整理本《镇南县志》言其湖北人、嘉庆二十七年署[34]，不知何意。

其余人待考。

梳理鄂山、史谱、尹佩珩、查廷华、刘祖昆之简历，可知该碑题刻时间在史谱任陕西布政使的道光八年（1828）八月后、方载豫调任甘肃布政使的道光九年（1829）四月前。

---

31　辛德勇著《未亥斋读书记》，上海：华东师范大学出版社，2001年版，第95-99页。

32　《清实录》（第34册）"宣宗成皇帝实录（二）"卷一百一（页数不详）；北京：中华书局影印版，1986年版，第665页（上）。

33　林则徐全集编辑委员会编《林则徐全集·奏折卷》（第4册）"姚州军务出力各员请降折（附清单二）"，福州：海峡文艺出版社，2002年版，第385-386页。

34　杨成彪主编《楚雄彝族自治州旧方志全书 南华卷·民国镇南县志》卷五"职官志·历代官职"，昆明：云南人民出版社，2005年版，第613页。按，该整理本未标注任何职务，不知所云，当是整理文献时落下了关键信息。《民国镇南县志》原本待查。

# （七）道光《重修大佛寺菩萨殿碑记》题刻

今立于彬州大佛寺石窟院内西部连廊。圆首碑，1.65 米高，0.7 米宽。碑首线刻双龙图案，中间有"皇清"二字。

重修大佛寺菩萨殿碑记 /

考自唐世，重修以来，更修数次，楼阁辉煌，层峦壮丽。寺之侧有观音堂、圣母庙、龙王宫以及演戏楼台，世远年湮，未及修 / 理。迄于今，土木损伤，风雨莫蔽。合社人等，同发虔诚，各捐资财，欲崇新改观，但比户烟稀，难以骤成。于是又乞四方君子，募缘 / 补助，此而同力合作，不数月而告成。今则庙貌复新，戏台伟观。呜乎，人力与神之佑也。爰勒石以志不朽云尔。/

金山后学王作敬撰书 /

孙彩、陈世隆二人各银壹两五钱，张永义施银壹两，秦豁施银壹两，张彩施银伍钱，兴顺祥施银贰两，新顺德施银贰两，平凉忠兴协施银壹两，天兴成施银壹两，兴盛老施银四钱，天成东施银三钱，登盛合施银三钱，刘忠施银贰拾两，张夫吉、赵万银、王义、武应、齐明智、王夫有、赵必全、武定朝、王清以上九人各五两，沈学成、赵万金二人各四两，齐臣银三两五钱，张进学、赵一德、武臣、张自明四人各银三两，马如贵、贾有、张夫全、王登、赵益文、王朝贵、张夫贵、王孝以上八人各银贰两，赵孝、张自强、张贵、张自忠、赵益杰、齐明秀六人各银壹两五钱，武定宏、武榜、赵益清、赵益仁、赵益智、赵益佐、王详七人各壹两，齐明顺、赵升、赵春、赵秋四人各□□，赵登高施银三钱，曹克宝施银五钱，张夫寿施银六钱，赵益夏施银五钱，闫三元施银三钱，齐明忠施银八钱，赵宽施银五钱，杨德施银五钱，张夫仁施银三钱，左四施银贰钱四分，郭中节施银贰钱四分，张夫元施银壹钱，赵升化银八钱，张夫寿化银壹钱五分。/

以上 / 共布施银四百七十拾九两五钱零、/ 路缘银壹拾八两，/ 共费银五百壹拾三两零。/

道光岁次甲辰年（1844）仲春月，吉旦。/

　　道光甲辰（1844）即道光二十四年（1844）。此次所捐银维修观音堂、圣母庙、龙王宫以及演戏楼台已皆无造像。

　　《娲皇故里诗文书画集》载有王作敬简历："王作敬，清光绪时陇城镇鸡儿嘴王家人。与清末秀才邵维翰为书友，其书法作品以临唐楷为主。"该书并收录王作敬《楷书斗方》（按，实为楷书团扇）一幅[1]。所收书法作品与碑刻风格相同。王作敬另书有碑《重修关圣帝君乐楼碑记》，于光绪二十三年（1897）[2]。另有其他碑中载其人名，无其他信息，不再缀注。

　　其他人名不详，待考。

1　高仲德、杨俊旺主编《娲皇故里诗文书画集》"第一篇 先辈遗珍"，兰州：甘肃人民美术出版社，2016年版，第23页。笔者释读其书作内容为："汤扩祖《春雨》诗一云：一夜声喧客梦摇，春风送雨响潇潇。不知新雨添多少，渔艇都撑进板桥。妙有天趣，书应虎臣仁兄哂正。礼亭王作敬。"
2　王忠民主编《白道谷春秋》"第一章 白道谷史话"，呼和浩特：内蒙古人民出版社，2007年版，第27页。

图 2-2-7 光绪《重修大佛寺菩萨殿碑记》拓片

# （八）道光张祥河诗记题刻

今立于彬州大佛寺石窟院内西部连廊。隶书。

邠州大佛寺 /

邠州城外过涧西，石佛有象山中栖。佛身八丈五尺 / 半，凿石始自唐贞观。旋圮旋修殿宇高，人来拾级如 / 升猱。两边石穴亦丹刻，一佛化身百千亿。西来诸山皆土岗，到此山 / 骨方开张。诘朝先见盘陀石，楸花桐 / 华（花）间青白。峻嶒觉路一拈香，景泰残钟在寺旁。老僧 / 奉茶向前说，旧碣全荒有新碣。杭州湖上正定城，三 / 者俱以大佛名。念昔周家来相宅，履武敏歆大人迹。/ 资生慧海如有灵，诵了诗经又佛经。

道光己酉（1849）中春抚陕使者华亭张祥河。/

道光己酉（1849）即道光二十九年（1849）。张祥河其人，《清史稿》有传：

张祥河，字诗舲，江苏娄县人。嘉庆二十五年（1820）进士，授内阁中书，充军机章京。迁户部主事，累转郎中。道光十一年（1831）为山东督粮道，十七年（1837）擢河南按察使，署布政使；二十四年（1844）迁广西布政使，擢陕西巡抚。咸丰三年（1853）诏还京，四年（1854）授内阁学士，迁吏部侍郎、督顺天学政；八年（1858）擢左都御史，十年（1860）加太子太保。同治元年（1862）卒，谥温和[1]。《清史稿·艺文志》亦载其著述有：《关陇舆中偶忆编》一卷、《小重山房初稿》二十四卷、《诗舲词续》一卷[2]。

《娄县续志·选举志》有载[3]。而《华亭县志》无载。题刻言华亭张祥河，华亭或是其祖籍，可增补史志记载。按，"景泰残钟"指镇守甘肃太监刘永诚景泰元年（1450）筑造铁钟（见后文"明代刘永诚钟铭"）。"三者俱以大佛名"中三者指"杭州湖上"灵隐寺、"正定城"正定县的龙兴寺以及此邠州大佛[4]。

---

1 清·赵尔巽等撰《清史稿》卷四百二十七"列传二百八"，叶八至九；《续修四库全书》（第299册），上海：上海古籍出版社，2002年版，第583页（下）至584页（上）。
2 清·赵尔巽等撰《清史稿》卷一百五十四"艺文四·集部类·别集类 / 词曲类"，叶十三、叶二八；《续修四库全书》（第297册），上海：上海古籍出版社，2002年版，第61页（上）、68页（下）。
3 清·张云望等纂修《娄县续志》卷十五"选举表"，光绪五年（1879）刻本，叶六。
4 参阅孙彬荣编著《邠州石室全录：彬县大佛寺石窟匾额、题记、石碣、石碑考释》"石碑·抚陕使者张祥河邠州大佛寺诗"，西安：三秦出版社，2017年版，第131页。

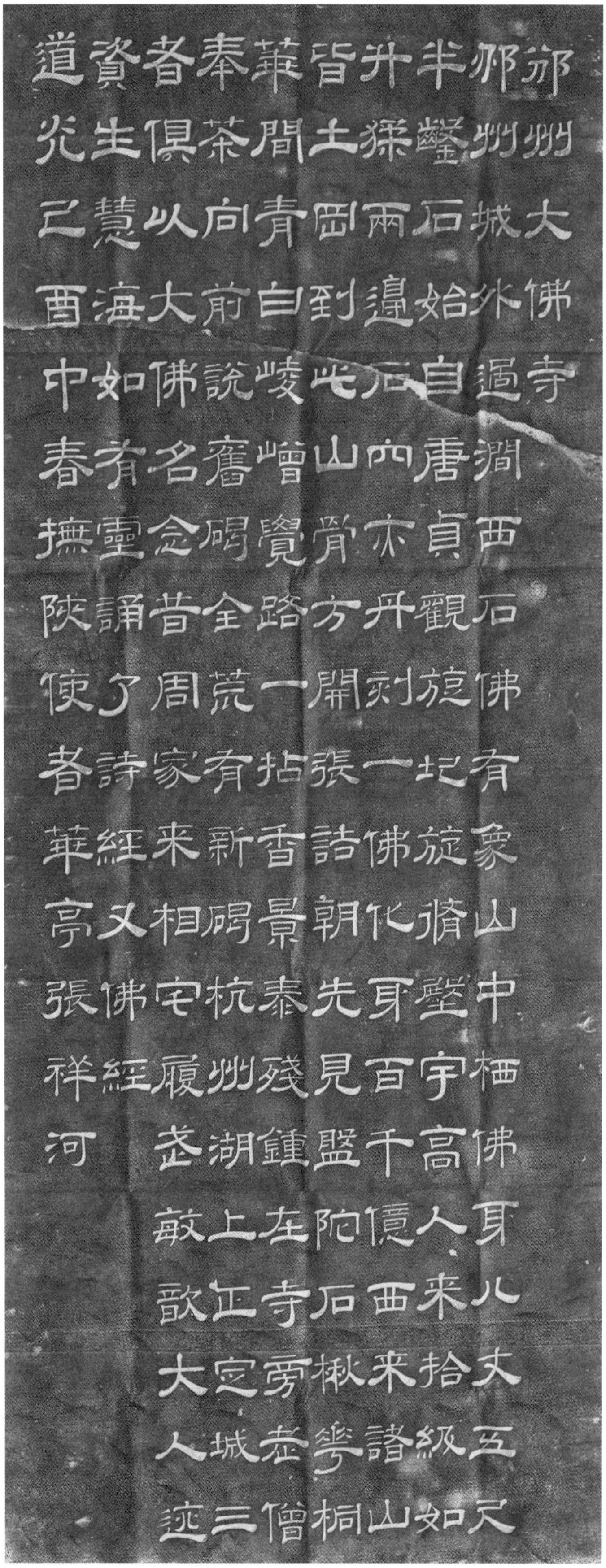

邠州大佛寺涧西石佛有象山中栖佛耳几丈五如天

邠州城始自唐貞觀旋起像山中宇高人来诸山僧桐

半鑿石邊屯四木開刻一旋化身百千億人西来诸山如

升土間青到屯山脊方開張詰朝先見监人上正寺楸芋桐山

皆岡自說峻嶒覽路一拈香景泰殘鍾阿石来諸級如天

華間青前說龕碣全荒有新相宅履湖遊左寺勞来去僧山

奉茶以向大佛名念昔周家来相宅杭州履湖定城三

者俱以向大佛名昔周家来経又佛經上正定城三

資生俱慧海如育靈誦了詩経又佛經敢歌大人述

道光先生己酉中春撫陝使者華亭張祥河

图2-2-8 道光张祥河诗记题刻拓片

# （九）光绪重修大佛寺碑记

今立于彬州大佛寺石窟院内西部连廊。高 1.65 米，宽 0.69 米，厚 0.13 米。圆形碑首，碑阳、碑阴皆线刻双龙纹，碑阳碑首中间卷草纹方框内小篆"皇清"二字，碑阴碑首线卷草纹方篆"皇清"二字。碑身皆用楷书。碑阳碑碑身上下线刻装饰图案，左右两侧有双曲折线装饰，左右两侧各有方框正反卍字符。碑阴碑身上中下亦刻装饰图案，各有三"寿"装饰字。

碑阳：

重修大佛寺碑记 /

邠州城西二十里有大佛寺，冠盖天下，秦胜境也。

甲子（1864）夏予服官来秦，军事正兴，每思一瞻仰焉，而卒无 / 由，心常耿耿。庚午九年（1870）补授此缺，癸酉（1873）夏捧檄履任，越一日即往礼拜。见佛像神光逼注，毛发悚然，使 / 我畏而敬、敬而感者久之。

但其台榭倾颓，廊庑塌落，神座尘封，佛龛苔长。余触目凄然，即动修葺之念。奈 / 地方疮痍未复，措资维艰，而自顾无力，有志未逮。访诸父老士庶，佥曰：通衢大道，所过名公巨卿，多动好 / 善之念，或因时事境地所限，而卒不果。且曰：佛之灵爽昭然，前□□□□贼氛，屡逼城下，几乎坠陷。仗佛 / 力护佑，得以保全。倘我公能设法重修，而补茸之，则佛之福我邠民更无量矣。

正与驻防水帘洞统带、淮 / 军马队潘协戎万才商议，劝捐修整。适总统淮军六安刘方伯盛藻自乾按邠，阅所部马队，相与晋接送 / 大佛寺，瞻仰佛像，顿萌善缘。余以前愿相告，恐劝捐为难，而方伯大发慈悲，允以淮军独任其举，即饬营 / 务处阎观察光显、丁提督汝昌、潘协戎万才、刘参戎学凤，偕余董其事以监修。

遂诹吉于甲戌（1874）二月，庀材 / 鸠工，洗其尘而扫其苔，倾颓者振兴之，塌落者筑砌之，东边新建官厅三间，焕然为之一新，渐次落成。忽 / 于七月，刘君奉调移师海防，都戎杜景贤留此监修。倘迟至数月，又成虚愿，岂非我佛之灵，何能若此乎？ /

斯役也，乐善好施不惜巨资者，刘君及所部各将士也；不辞劳瘁、能有始有终者阎君、丁君、潘君、刘君、杜 / 君及邠州都戎张君应宿也。诱之、劝之使我有志而竟成者，邠州父老绅士：拔贡刘浚川，廪生武述文，生员周铭，/ 职员马德玉、齐廷佑，程员、李肯堂、杜清、朱晓、杨蕃，乡老王照、张福贵、赵益怀、王仲魁、何有等，怂恿而有以成之 / 也。

至创自何代、修自何年，则前有黄公之碑在，无俟乎予赘述也。予因今日落成，欣然大遂其愿，故乐书 / 之，以俟后之君子，特为志。

钦赐花翎四品衔、即用知府、特授邠州直隶州知州吴钦曾撰。/

儒学生员郡人周铭沐手敬书，郡人王应铨摹泐。/

光绪元年（1875）岁次乙亥清和月谷旦立石。/

碑阴：

监修大佛寺官员及董事、绅民、各工匠姓名碑记 /

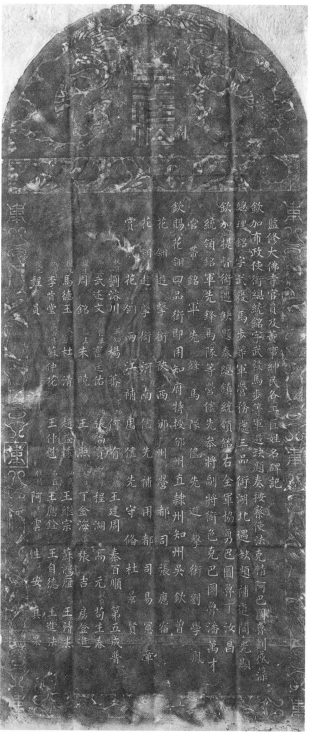

图 2-2-9 光绪重修大佛寺碑记碑阳、碑阴拓片

钦加布政使衔、总统铭字武毅马步等军、遇缺题奏按察使、法克精阿巴图鲁刘盛藻，/

总理铭字武毅马步等军、营务处三品衔、湖北遇缺题补道阎光显，/

钦加提督衔、遇缺题奏总镇、统领铭右全军、协勇巴图鲁丁汝昌，/

统领铭军、先锋马队等营、尽先参将、副将衔、色克巴图鲁潘万才，/

管带铭军、先锋马队、尽先游击衔刘学凤，/

钦赐花翎四品衔、即用知府、特授邠州直隶州知州吴钦曾，/

花翎游击衔、陕西邠州营都司张应宿，/

花翎游击衔、河南尽先补用都司易宪章，/

赏戴花翎、两江补用尽先守备杜景贤；/

拔贡刘浚川，廪生武述文，庠生周铭，从九马德玉，例贡李肯堂，从九程员，军功杨蕃，礼生齐廷佑，监生朱晓，木铎杜清，医生苏仲花，军功何有，乡约张福贵、王照、赵益怀、王仲魁；

木匠王建周，泥水匠程湖，砖瓦匠丁金海，油匠王继宗，石匠王应铨、秦百顺、高元，画匠张吉、苏鸿雁、王自德、第五成普，铁匠苟生春、房登进、王清杰、王进法；

住持阿云（上）、性（下）安、真果。


碑阳主要记载本次重修事宜，碑阴主要记载参与此次重修的重要人名。

**碑阳信息解读如下：**

第一，吴钦曾发愿重修大佛寺之缘由。

吴钦曾评价大佛"冠盖天下，秦胜境也"，应当保护重修这天下奇观。

其于同治三年甲子（1864）夏来秦任职，九年后的十二年癸酉（1873）夏始见大佛。觉"佛像神光逼注""使我畏而敬、敬而感者久之"。

因"台榭倾颓，廊庑塌落，神座尘封，佛龛苔长"，动修葺之念。贼屡逼城下，城皆险而未破，认为或是"仗佛力护佑得以保全"，故期待修复后，使"佛之福我邠民更无量矣"。

第二，吴钦曾重修大佛之过程。

1. 地方破败，无财力支持重修大佛。有人建议聚合那些过境官员、并原本就愿发善念却无机会者，故而吴钦曾与时任驻防邠州之淮军统带潘万才商议；又逢总统淮军之刘盛藻来邠，引其前往大佛寺；刘萌发善缘，决定由淮军独立出资完成重修之事。重要淮军将领有阎光显、丁汝昌、潘万才、刘学凤（人名信息见碑阴之解读），并由吴钦曾董事监修。

2. 具体重修过程：

同治十三年甲戌（1874）二月，准备重修的材料、召集工匠。清除尘苔，整修、砌筑倾颓和塌落，并新建官房三间[1]。最终完成于光绪元年乙亥（1875）四月（清和月），历时一年零两个月。最终大佛

---

1 按，所新建官厅在明镜台二层东侧，称作东道院，1984年雨季时与东台面东北角一起垮塌，后维修时拆除。见孙彬荣编著《邠州石室全录：彬县大佛寺石窟匾额、题记、石碣、石碑考释》"石碑·重修大佛寺碑记"注释，西安：三秦出版社，2017年版，第135页。

寺焕然一新。

**碑阴信息解读如下：**

碑阴信息主要包括参与重修大佛之人名及官职。所涉及人名主要包括四部分：官员、地方绅民、工匠及住持僧等。碑阴人名排序的方式是：官员排名由右至左，一行一人，共九行九人；前四人皆封有勇士称号（巴图鲁），更具有统兵之权。地方绅民包括上中下三排，第一排六人，第二、三排皆五人，上另有小字注其职务，参照碑阳文字顺序可知每排应按照由右向左的排序。工匠姓名亦分上中下三排，每排五人，上亦另有小字注其工种，参照地方绅民分布顺序，工匠姓名的顺序亦应由右向左、先上排后下排的顺序。主持为竖排，与其他三类顺序不同，为便于识别，故在第一人名"阿云"下标一小字"上"，第二人名"性安"之"性"字下标一小字"下"；另，三人姓名并无普通人之姓氏，尤其如"性安""真果"，皆释家子弟之姓名特征。

**第一，官员之信息：**

**1. 刘盛藻**

有关刘胜藻的历史记载颇多，作为清代著名将领已经有了较多研究成果。兹概括转引如下：

刘盛藻（1828—1883），字子务，安徽合肥西乡人。世居大潜山之北，后迁六安张店。为中国近代史上著名清军将领、台湾首任巡抚刘铭传的族侄。同治元年（1862）二人加入淮军，刘铭传曾任淮军之中铭军的主帅；刘盛藻屡立战功，七年（1868）以按察使遇缺提（题）奏；十一年（1872）刘盛藻赴陕西接统铭军为主帅。十三年（1874）六月李鸿章奏调刘盛藻所统马步二十二营赴山东济宁、江苏徐山一带驻守。光绪元年（1875）自山东济宁交卸兵权[2]。

碑阳所说即刘盛藻为六安人，即其迁居之地。言其"按部至邠"即在同治十一年（1872）赴陕西接统铭军为主帅；"忽于七月，刘君奉调移师海防"即十三年（1874）六月李鸿章奏调之后的一月离开陕西，其时重修大佛寺之工作已开展半年；职务中另有统武毅马步等军，即统军晚清聂士成的武毅军。

**2. 阎光显**

阎光显其人，于史无征。在碑阳所列淮军重要人物中，名列第一，其位次仅低于刘盛藻，为总理铭字武毅马步等军；官阶上三品，亦较高。可补史所载。

**3. 丁汝昌**

丁汝昌因甲午海战而成为北洋水师中最广为人知的将领。丁汝昌（1836—1895），晚清爱国海军将领。原名先达，字禹廷，号次章，安徽庐江人。1853 年参加太平军，1861 年降清后被编入湘军，后入淮军；1868 年授总兵，加提督衔。1879 年被李鸿章调至北洋，1883 年授天津镇总兵，北洋海军成立后任提督；1895 年甲午海战难挽败局，不接受投降而自杀[3]。

2　参阅许昭堂、许高彬著《走近李鸿章》"第六章 淮军与合肥名将·四十八、乐善好施廉正人 补缺代叔统铭军"，北京：中国书店，2013 年版，第 240-242 页。

3　邹博主编《百科知识全书·中国卷 历史百科》，北京：线装书局，2011 年版，第 299-300 页。

碑刻中，丁汝昌为铭右全军统领，是铭军中一部分军队的统领，故仅次于总统、总理铭字而位列第三。

### 4. 潘万才

潘万才其人，无传。勾稽史料可知其部分经历：

《清实录》光绪朝实录载：光绪八年（1882）二月时任副将[4]，十七年（1891）十二月以记名总兵升为江南淮扬镇总兵官[5]，二十九年（1903）六月升任贵州提督[6]，三十一年（1905）三月以贵州提督署江北提督（卷五百四十三）[7]。

碑刻中，潘万才为参将副将衔，为副将多年。

### 5. 刘学凤

刘学凤其人，待考。碑刻中言其管带铭军、先锋马队尽先、游击衔，可补史载之不足。

### 6. 吴钦曾

吴钦曾其人，于史无载。根据碑刻，可知其于同治三年甲子（1864）夏来陕西任职，九年后的十二年癸酉（1873）夏任邠州知州[8]。又据其他研究知，吴钦曾，安徽泾县人，副贡生，同治六年（1867）二月任汉阴厅抚民通判；有诗《汉阴八景》八首传世[9]。

### 7. 张应宿

张应宿其人，待考。

### 8. 易宪章

易宪章其人，待考。

### 9. 杜景贤

杜景贤其人，待考。

**第二，地方绅民之信息。**

刘濬川、周铭、马德玉、李肯堂、程员、杨蕃、齐廷佑、朱晓、杜清、苏仲花、何有、张福贵、王照、赵益怀、王仲魁，待考。武述文，或是《甘肃通志》所载文县廪生，为救母遭贼杀害[10]。

**第三，工匠之信息。**

待考。

**第四，主持僧之信息。**

待考。

碑刻人名，大部分已不可考。碑刻所记，可补史籍文献之不足。

---

4　《清实录》（第 54 册）"德宗景皇帝实录（三）"卷一四三（页数不详）；北京：中华书局影印版，1987 年版，第 20 页（上）。

5　《清实录》（第 55 册）"德宗景皇帝实录（四）"卷三百六（页数不详）；北京：中华书局影印版，1987 年版，第 1042 页（上）。

6　《清实录》（第 58 册）"德宗景皇帝实录（七）"卷五百十八（页数不详）；北京：中华书局影印版，1987 年版，第 837 页（下）。

7　《清实录》（第 59 册）"德宗景皇帝实录（八）"卷五百四十三（页数不详）；北京：中华书局影印版，1987 年版，第 215 页（下）。

8　按，《邠州志译注》中言其光绪三年（1877）任邠州知州，或误。原文见黄金来译注《邠州志译注》卷四"艺文·附一《邠州志稿》撮要·卷五 职官"，中国社会出版社，2004 年版，第 306 页。

9　李佩今、徐信印编著《秦巴古诗选注》"十、八景绝唱"，西安：西北大学出版社，1991 年版，第 203-205 页。

10　清·许容纂辑《甘肃通志》卷三十八"孝义·直隶阶州"，乾隆元年（1736）刻本，叶四十九。

## （一〇）吴钦曾题咏及唱和诗题刻

今立于彬州大佛寺石窟院内西部连廊。长 1.72 米，高 0.64 米，楷书。

统领淮军刘方伯子务，倡修大佛寺告竣，敬而 / 有作七律两章以志之。/

一尊活佛降何年，瞻仰蒲团座上莲。镇压秦关雄百 / 二，普成世界化三千。辟开石室空临境，倒挂禅房半 / 在天。我愧林泉叨作主，也来香火结因缘。/

八丈昂藏现佛身，辉煌金烁焕然新。迎来汉帝推诚 / 意，创自鄂公感至神。洛水东流环福地，薇山南枕压 / 嚣尘。/（前□逆作乱，全叨福荫，州城守住。）/ 刘君义举从今后，惟望慈悲 / 继起人。/

知府用邠州直隶州知州皖江泾川吴钦曾敬题。/


附和章 /

石磴訇开不计年，如来龛榻满垂莲。粟藏世界原惟 / 一，福锡生民遍大千。滴沥岩泉清入座，玲珑楼阁峭 / 摩天。我来瞻拜昙云下，联句也云结夙缘。/

现出庄严道教身，超超十丈彩云新。法门不二空生 / 色，释氏昧三性即神。梵宇光明开大化，上方清净洗 / 微尘。通灵谁悟心头佛，主宰常存善念人。/

邠州学正芷阳李象怀步韵。/

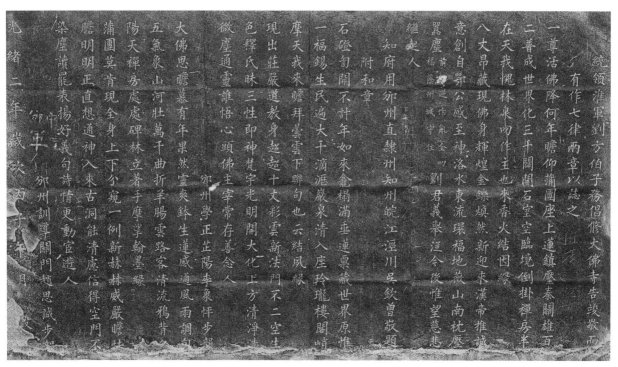

图 2-2-10 刘方伯诗记题刻拓片

大佛思瞻慕有年，果然灵爽钵生莲。感通风雨调旬 / 五，气象山河壮万千。曲折羊肠云路客，清流鸦背夕 / 阳天。禅房处处碑林立，着手摩挲翰墨缘。/

蒲团莫肯现全身，上下分窥一例新。赫赫威严瞻怯 / 胆，明明正直想通神。入来古洞能清虑，信得空门不 / 染尘。读罢表扬好义句，诗情更动宦游人。/

邠州训导关门赵思诚步韵。/

光绪二年（1876）岁次丙子午月谷旦。/

　　因淮军统领刘盛藻见到大佛之后萌发善缘，决定由淮军独立完成重修大佛之事。重修告竣，邠州知州吴钦曾作七律二首以纪念此事。后有邠州学正李象怦、训导赵思诚各和诗二首。

　　邠州学正李象怦、训导赵思诚，待考。

# 新中国成立之后

新中国成立之后，立有数碑。主要出于宣传、保护所立。

# （一）陕西名胜古迹碑刻

镶嵌于彬州大佛寺大佛洞西侧砖构建筑上。

陕西省名胜古迹第一批重点保护单位之一 /
唐代建筑的大佛寺 /
彬县人民委员会一九六二年…… /

图 2-3-1 陕西名胜古迹碑刻

# （二）《修缮大佛寺古建筑物纪念碑》题刻

今立于彬州大佛寺石窟院内西部连廊。横排，楷书。

修缮大佛寺古建筑物纪念碑

大佛寺系唐贞观年间，建筑楼阁与巨大石刻佛象一尊，并有许多精美雕刻造象，是我省名胜古迹之一。因年久失修，加之国民党反动派军队破坏拆毁，楼顶漏水，台阶崩溃，我人民政府为保护古文物建筑，故拨款修缮西道院基一二层、楼台三四五层、楼顶、千佛洞口、花墙、官厅，油漆屏风、门窗，刷新通天大柱，装置栏杆，以资保护。

公元一九五六年全月一日立。

　　1956年12月所立修缮碑。千佛洞口今之砖护，或是当时所修。

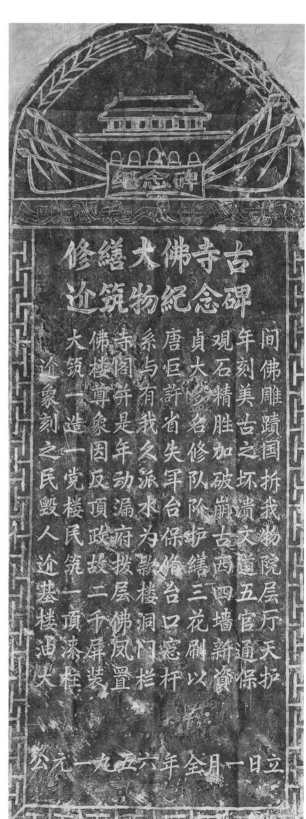

图 2-3-2 《修缮大佛寺古建筑物纪念碑》题刻拓片

# （三）陕西省重点文物保护单位题刻（一）

今立于彬州大佛寺石窟院内护楼前部西侧。

第一批陕西省重点文物保护单位

大佛寺

时代：唐

彬县人民政府 1981.10.1

图 2-3-3 陕西省重点文物保护单位题刻（一）

# （四）陕西省重点文物保护单位题刻（二）

今立于彬州大佛寺石窟院内护楼前部西侧。

碑阳：

陕西省第一批重点文物保护单位

大佛寺

时代：唐

邠县人民政府 1984.12.11

碑阴：

1. 保护革命文物，发扬革命传统。

2. 保护历史文化遗产，建设社会主义的民族文化。

3. 文物古迹为全民所有，保护文物古迹人人有责。

4. 保护地方文物古迹是每个干部和人民群众的光荣义务。

5. 保护范围内任何遗迹遗物与花草树木，不能随意破坏。

图 2-3-4 陕西省重点文物保护单位题刻（二）

# （五）全国重点文物保护单位题刻（一）

今立于彬州大佛寺石窟院内护楼前部西侧。

全国重点文物保护单位

大佛寺石窟

唐

中华人民共和国国务院

一九八八年一月十三日公布

陕西省人民政府立

图 2-3-5 全国重点文物保护单位题刻（一）

# （六）全国重点文物保护单位题刻（二）

今立于彬州大佛寺石窟院内护楼前部西侧。

全国第三批重点文物保护单位

大佛寺石窟

中华人民共和国国务院

一九八八年一月十三日公布

陕西省人民政府立

二〇一二年十二月

图 2-3-6 全国重点文物保护单位题刻（二）

# （七）全国重点文物保护单位题刻（三）

今立于彬州大佛寺石窟院内护楼前部西侧。

碑阳：

全国重点文物保护单位

大佛寺石窟

中华人民共和国国务院

1988 年 1 月 13 日公布

陕西省人民政府

2018 年 3 月 28 日立

碑阴：

始凿于北周，大规模开凿于唐初，其后各代均有增凿。依山开凿，东西排列于泾河南岸长约 400 米的崖面上，自西向东分为僧房窟、千佛洞、大佛窟、罗汉洞、丈八佛窟及明镜台石窟护楼等。现存石窟 136 个，佛龛 446 处，造像 1980 余尊、经幢 2 件、碑刻 8 通、题记 178 则。大佛窟凿于唐贞观二年（628），内塑一佛二菩萨，释迦摩尼佛像高 20.4 米，窟檐前有清康熙四十二年（1703）建砖木结构五层楼阁，楼高 32 米。

陕西省文物局制

图 2-3-7 全国重点文物保护单位题刻（三）

# （八）《大佛寺保护工程记录碑》

今立于彬州大佛寺石窟院内西部连廊。

大佛寺保护工程记录碑 /

一九八三年九月十日维修两层台阶、护楼，陕西省文物局拨款十一万五千元，八五年五月竣工，省局验收，决算为二十一万五千元，并及时 / 核拨资金到位；此项工程由韩城古建队王俊伯、郭随生领队。一九八四年九月省文物局以三万元工价委托煤炭部航测大队航空测绘大佛寺 / 地形图和石窟坐佛大像等直线图；一九八五年九月省局拨护楼彩绘款三万九千元由咸阳古建公司王晓生、王武平领队作画；一九八五年十 / 一月陕西省长李庆伟、副省长孙达仁来大佛寺表态由省交通厅、文物局协定改道西兰公路离大台基座一百米处、长度一点八五公里；八八、八 / 九两年间由省公路局测绘拨款委托咸阳公路总段施工，大约投资二百七十万元〔帐（账）在总段〕，一九九一年十月竣工，通车一九八六年四月；/ 彬县县委、县政府组织职工林业局提供油松、侧柏三千株，由经委系统职工绿化了佛顶山头；一九八六年四月省文物局出资一万四千元委托碑林博物馆装裱了大佛寺原有的明代细墨线佛教画藏四十五轴；一九八七年三月补塑了韦陀、珈蓝、仙姑圣像九尊；到九三年三月底完成彩 / 装，本所支出八千余元；一九八七年至一九八八年四月铺修西踏步两段共六十阶，新增设东踏步三十二阶，本所投资一万余元修成。一九八八 / 年元月十三日省文物局经国务院批准公布大佛寺石窟为国家级重点保护单位，立有标志；一九八八年八月二十七日夜暴雨冲毁山皮，滑 / 坡三百余平方米，堵塞山腰排洪水渠，大批泥草落于护楼顶端，打坏卷棚和宿舍，省文物局及时拨发救灾款两万元修理房屋卷棚；一九八八年九 / 月省文物局拨款一十六万两千元，九月份文管所征买大佛寺村土地一十六亩四分，搬迁住户五家，土地征至新公路相接处，东西宽一百二十 / 八米，作粒石为界，省财政厅八三年给文管所三万元补入共花费一十九万两千元；一九九零年十月改换大洞窟大栅栏门为铁花门，文管所出资 / 一千四百余元；一九九零年十二月省文物局拨围墙款五万元；九一年八月动工后于十月因规划变更，半成品围墙延至九六年春竣工，两家工 / 队围墙共决算为十三万九千元，省局拨款项；一九九一年五月省文物局出资五万元委托机械电子工业部地质研究所绘制了大佛、大菩萨 / 及窟壁背光等直线图；一九九二年十月省文物局文物保护技术中心和德国巴伐利亚文物局签订加固维修大佛石窟危崖、裂隙、风化、剥落、/ 渗水等病害技术协议，止一九九六年底大佛石窟工程完工，国家共拨费用二百万元，文管所热情支持，积极配合〔帐（账）在中心〕；一九九三年三 / 月修关帝庙前台沿阶，石粉刷韦陀、关帝、仙姑洞和青砖铺地，文管所出资三千三百元；一九九四年二月省财政厅外经委拨给大佛寺补助款中 / 用两万两千元装配专户电路线以备施工；一九九五年四月十二日山门开工，省文物局九三、九四、九五三年拨给大佛寺专款二十七万元于本年度 / 十一月一日竣工，最后决算为二十八万六千元，山门工程由古建工程师侯卫东设计，西安古建公司第三队卢慧杰、卢俸仪（河南西平县卢庙 / 乡）领

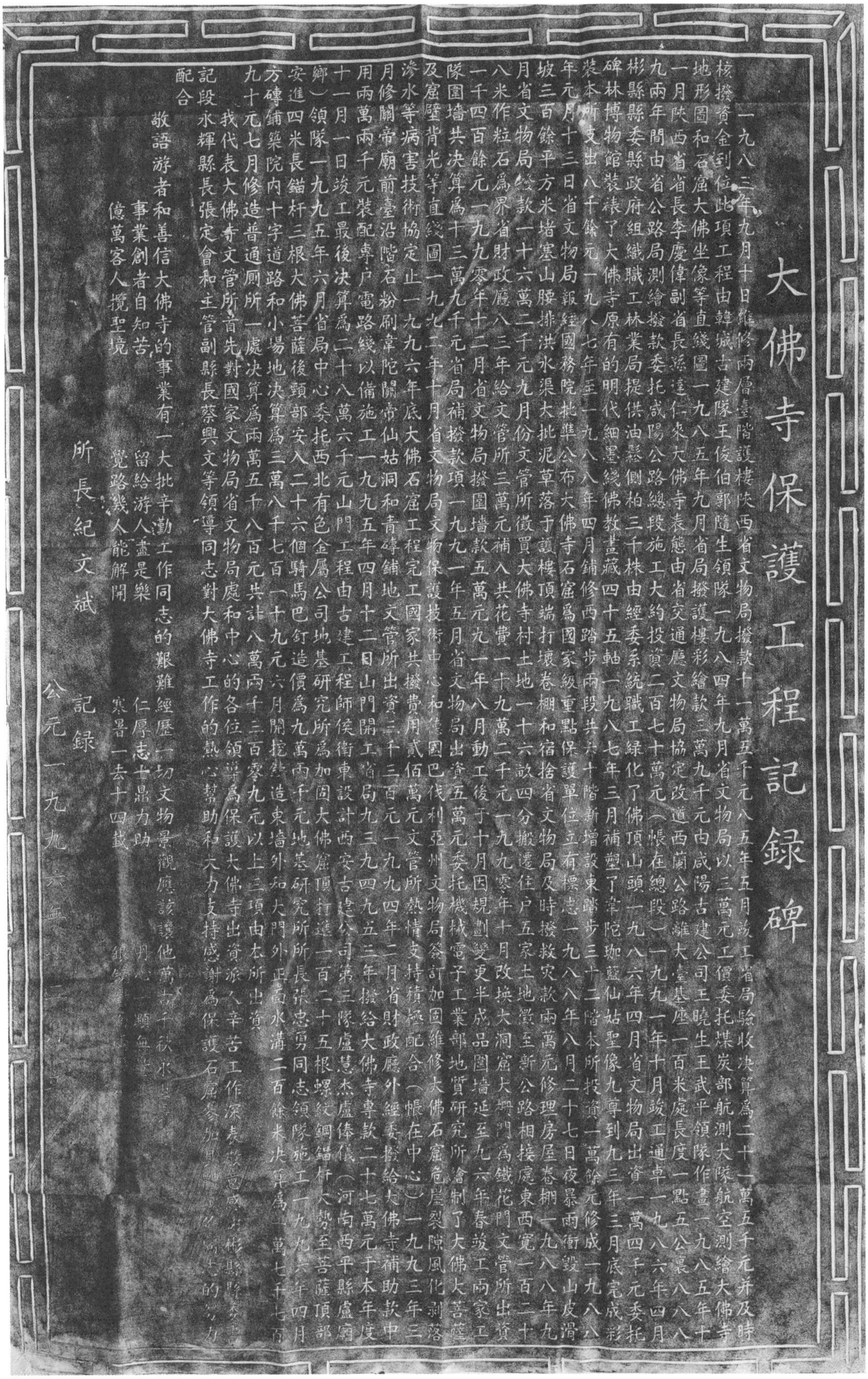

# 大佛寺保護工程記録碑

一九八三年九月十日籌修兩厢臺階護樓陛西省文物局撥款十一萬五千元八五年五月竣工省局驗收決算爲二十一萬五千元及時...

图 2-3-8 《大佛寺保护工程记录碑》题刻拓片

队；一九九五年六月省局中心委托西北有色金属公司地基研究所为加固大佛窟顶打进一百二十五根螺纹钢锚杆，大势至菩萨顶部安进四米长锚杆三根，大佛菩萨后颈部安入二十六个骑马巴钉，造价为九万两千元，地基研究所所长张忠勇同志领队施工；一九九六年四月 / 方砖铺筑院内十字道路和小场地，预算为三万八千七百一十九元，六月开挖铸（筑）造东墙外和大门外正面水沟二百余米，决算为一万七千七百 / 九十元，七月修造普通厕所一处，决算为两万五千八百元，共计八万两千三百零九元，以上三项由本所出资。/

我代表大佛寺文管所首先对国家文物局、省文物局处和中心的各位领导为保护大佛寺出资派人辛苦工作深表敬意；感谢彬县县委书 / 记段永辉、县长张定会和主管副县长蔡兴文等领导同志对大佛寺工作的热心帮助和大力支持；感谢为保护石窟参加具体工作同志的努力 / 配合。/

敬语游者和善信，大佛寺的事业有一大批辛勤工作同志的艰难经历，一切文物景观应该让他万古千秋永世长存。/

事业创者自知苦，留给游人尽是乐；仁厚志士鼎力助，丹心一颗无量工。/

亿万客人揽圣境，觉路几人能解开；寒暑一去十四载，银镜对面两鬓霜。/

所长纪文斌记录 /

公元一九九六年十二月立。/


1983—1996 年这十五年的维修经历，为彬州大佛寺石窟维修历史上最大的维修工程。加固山体、大像，具有文物保护意义上的极高价值。

# （九）"关中第一奇观"刻石

位于彬州大佛寺石窟景区西区山岩北壁，楷书。

关中第一奇观 / 清·毕沅 /

应为 20 世纪末为宣传所刻。

图 2-3-9 "关中第一奇观"刻石

# （一〇）《心经》书刻

位于彬州大佛寺石窟景区西区山岩北壁，前有佛图案的引首章，楷书。

般若波罗蜜多心经／

观自在菩萨，行深般若波、罗蜜多时，照见五蕴皆空，度一切苦厄。舍利子！色不／异空、空不异色、色即是空、／空即是色。受想行识、亦复／如是。舍利子！是诸法空相。／不生不灭、不垢不净、不增／不减。是故空中无色、无受／想行识。无眼耳鼻舌身意。／无色声香味触法。无眼界、／乃至无意识界。无无明、亦／无无明尽。乃至无老死、亦／无老死尽。无苦集灭道。无／智亦无得。以无所得故。菩／提萨埵、依般若波罗蜜多／故、心无罣挂碍。无挂碍故、无／有恐怖、远离颠倒梦想、究／竟涅盘。三世诸佛、依般若／波罗蜜多故、得阿耨多罗／三藐三菩提。故知般若波／罗蜜多、是大神咒、是大明／咒、是无上咒、是无等等咒。／能除一切苦、真实不虚。故／说般若波罗蜜多咒。即说／咒曰：揭谛揭谛，波罗揭谛，／波罗僧揭谛，菩提萨婆诃。／

唐三藏法师玄奘奉诏／译　贺林恭书／

篆书钤印：贺林

贺林，今任陕西省文化遗产研究院副院长。

图 2-3-10 《心经》书刻

# （一一）世界文化遗产题名石刻

位于彬州大佛寺石窟入门处。

碑阳：

世界文化遗产 /

彬县大佛寺石窟 /

碑阴：

彬县大佛寺石窟于二零一四年六月二十二日经第三十八届世界遗产大会列入《保护世界文化和自然遗产公约》中的《世界遗产名录》。遗产列入《名录》说明该项文化具有突出的普遍价值，对它的保护符合全人类的利益。

2014 年 6 月 22 日在卡塔尔多哈召开的联合国教科文组织第 38 届世界遗产委员会会议上，大佛寺石窟作为中国、哈萨克斯坦和吉尔吉斯斯坦三国联合申遗的"丝绸之路：长安—天山廊道的路网"中的一处遗址点成功列入《世界遗产名录》。

图 2-3-11 世界文化遗产题名石刻

# 卷三

# 匾额

匾额一般为地方名人、过往官宦所题，是构成地域文化景观的重要部分，承载着名胜古迹之定位的价值。匾额的题写也能反映书法风格及书法艺术观念的变迁。对匾额的重新认识，是开发地方文化资源的重要内容。

# 清

清人的匾额构成了彬州大佛寺石窟匾额的主体。最早的匾额当属位于大佛洞主体建筑上镶嵌的两方。这十方牌匾，可以说，串联着彬州大佛寺石窟维护、重建的历史。

# （一）觉路

位于大佛洞明镜台一层门洞上方。长 1.8 米，高 0.75 米，石刻，行草书。

觉路 /

对于高台门洞上部的"觉路"二字，曹剑先生著作中有所讨论，但其两本著作观点不一，《公刘豳国考》涉及大佛寺的部分提出四点理由，证明二字非李白所书：一、李白当时尚无盛名，不会有人约其题额；二、李白信奉道教，不会书写佛教的内容；三、李白当时等待时机实现抱负，不会写消极文字；四、二字与今存李白《上阳台卷》书法不同[1]。曹剑先生有关此内容的考证，基本来说是准确的。但是，等到了他的第二本著作时，却推翻了自己的观点，更正为"觉路"为李白所书[2]。孙彬荣先生认为二字为近代所写[3]。

此二字，根据"康熙黄明修大佛寺记碑"中"凿以'慈航'匾额"判断，其题写时间当在立碑的康熙四十二年（1703）二月左右。

图 3-1-1 觉路

1　曹剑著《公刘豳国考》"大佛寺考"，西安：三秦出版社，1993 年版，82-85 页。
2　曹剑、曹斌著《佛骨灵光 大佛寺与昭仁寺》"六、李白书'觉路'"，西安：三秦出版社，2005 年版，115-124 页。该著作的文学性和故事性太强，似很难作为学术研究的参照；作者更正先前的观点，或许出于弘扬地方文化的考虑。
3　孙彬荣编著《邠州石室全录：彬县大佛寺石窟匾额、题记、石碣、石碑考释》"匾额·觉路"，西安：三秦出版社，2017 年版，第 2 页。

## （二）明镜台

位于大佛洞明镜台二层券洞上方。长 2.7 米，高 0.9 米，石刻，楷书。

明镜台 /

匾额没有题写落款，孙彬荣先生认为三字为明代所写[1]。此三字，根据"康熙黄明修大佛寺记碑"判断，亦应为立碑的康熙四十二年（1703）二月前所题。

"明镜台"三字当密切关联自《神秀禅师题廊壁偈》："身是菩提树，心如明镜台。时时勤拂拭，勿使惹尘埃。"[2]

匾额结字端庄，用笔圆润厚重。

图 3-1-2 明镜台

---

1　孙彬荣编著《邠州石室全录：彬县大佛寺石窟匾额、题记、石碣、石碑考释》"匾额·明镜台"，西安：三秦出版社，2017 年版，第 2 页。

2　明·曹学佺编《石仓历代诗选》卷一百十"宗风"，叶三。景印文渊阁四库全书本（第 1388 册），第 771 页（下）。

## （三）庆寿寺

位于大佛寺大佛洞主体建筑最上的八角攒尖亭子（今所见为六角，当是建造时舍却了与石壁接触的二角）北边悬挂。长 1.1 米，高 0.6 米，木质，楷书。

庆寿寺 /

此三字，根据"康熙黄明修大佛寺记碑"判断，亦应为立碑的康熙四十二年（1703）二月后所题。具体何时，待考。

"庆寿寺"其名最早出现于宋代，如清代叶昌炽所言："此刹唐为应福寺，开成元年（836）'西阁功德记'犹沿旧额，至宋安顿、宋唐辅题名始书庆寿，何时改额未详。"[1]"安顿题名"题刻时间为"熙宁戊申（1068）""宋唐辅题名"题刻时间为"熙宁丙辰（1076）"[2]。此外，曹剑先生有考证认为"庆寿寺"之名为宋代皇帝赵祯为刘太后所改[3]，似需进一步探讨。

图 3-1-3 庆寿寺

1　清·叶昌炽撰《邠州石室录》卷一"高叔夏造像"，民国四年（1915）吴兴刘氏嘉业堂刻本，叶二十三。
2　清·叶昌炽撰《邠州石室录》卷二"安顿题名""宋唐辅题名"，民国四年（1915）吴兴刘氏嘉业堂刻本，叶四十七、叶五十四。按，叶昌炽撰《邠州石室录》卷二"安顿题名"勾摹文字"安顿四路往复几三纪，常游庆寿。今宰新平，再登像阁，熙宁戊（下阙）"遗落"申口望日题。男龟年侍行。"另，其他题跋中"熙宁元年（1068）值戊午，越十年戊申则为元丰元年（1078）"误，实则熙宁元年（1068）为戊申年，元丰元年（1078）为戊午年。
3　曹剑著《公刘豳国考》"大佛寺考"，西安：三秦出版社，1993 年版，第 70-74 页。

## （四）月地云阶

镶嵌于。长 0.7 米，高 0.3 米。砖雕，凸起，行书。

月地云阶 /

嘉庆十九年（1814）冬十月 /

郡后学张秉诚题 /

　　张秉诚其人，生卒年等相关信息不详，目前知有清李墺、李光型注，张秉诚校《二李经说》，清康熙四十九年（1710）刻本[1]。待考。

图 3-1-2 月地云阶

1　阳海清编撰《中国丛书广录》（上册）"汇编丛书·家族类"，武汉：湖北人民出版社，1999 年版，第 12 页。

## （五）威震华夏

悬挂于关公庙门楣。长 2.2 米，高 1.15 米，木质，行楷书。

威震华夏 /

光绪元年（1875）岁次乙亥四月谷旦 / 统领铭马队、副将衔、色克巴图鲁潘万才叩 / 献 /

潘万才其人，无传。前文"光绪重修大佛寺碑记"中已勾稽史料可知其部分经历：

《清实录》光绪朝实录载：光绪八年（1882）二月时任副将[1]，十七年（1891）十二月以记名总兵升为江南淮扬镇总兵官[2]，二十九年（1903）六月升任贵州提督[3]，三十一年（1905）三月以贵州提督署江北提督（卷五百四十三）[4]。碑刻中，潘万才为参将副将衔，为副将多年。

该匾额的时间与"光绪重修大佛寺碑记"时间皆为光绪元年（1875）四月榖旦，当为同时。当即潘万才所书写。

落款后有一钤印四字，待考。

图 3-1-5 威震华夏

1 《清实录》（第 54 册）"德宗景皇帝实录（三）"卷一四三（页数不详）；北京：中华书局影印版，1987 年版，第 20 页（上）。
2 《清实录》（第 55 册）"德宗景皇帝实录（四）"卷三百六（页数不详）；北京：中华书局影印版，1987 年版，第 1042 页（上）。
3 《清实录》（第 58 册）"德宗景皇帝实录（七）"卷五百十八（页数不详）；北京：中华书局影印版，1987 年版，第 837 页（下）。
4 《清实录》（第 59 册）"德宗景皇帝实录（八）"卷五百四十三（页数不详）；北京：中华书局影印版，1987 年版，第 215 页（下）。

## （六）灵机感化

悬挂于明镜台建筑木楼一层东门楣上。长2.1米，高1米，木质，楷书。

灵机感化 /

光绪元年（1875）季夏谷旦 /

署邠州吏目张象坤敬立 /

该匾额的时间与"光绪重修大佛寺碑记"时间皆为光绪元年（1875）四月穀旦，当为同时。张象坤并未出现于该碑中，或因级别较低。待考。

图 3-1-6 灵机感化

# （七）佛光普照

悬挂于大佛洞建筑木楼二楼东壁。长 1.2 米，高 0.65 米，木质，楷书。

佛光普照 /

陕西西安府富平县信士弟 / 子惠立丰虔诚叩 / 献 /

光绪岁□（次）丙子（1876）桂月吉旦 / 龙□□天叙沐手敬书 /

捐赠人、书人皆不详，待考。

图 3-1-7 佛光普照

## （八）龙象神通

　　悬挂于大佛洞建筑木楼一层门楣处。长 2.1 米，高 1 米，木质，楷书。

龙象神通 /

光绪五年（1879）小阳月 /

管带仁胜左军后营、/ 花翎、尽先补用副将 / 喻文林敬 / 献 /

　　《建修左文襄公专祠捐款碑》有管带仁胜后营、补用副将喻文林捐银一百两[1]。喻文林其人不详，待考。

图 3-1-8 龙象神通

---

1　袁德宣等编纂，曾主陶校点《湖南会馆史料九种·关中湖广会馆纪略续编》卷三 "捐款"，长沙：岳麓书社，2012 年版，第 494-495 页。

# （九）云垂西极

悬挂于大佛洞建筑木楼一层西门楣。四角有卷草纹。长 2.1 米，高 1 米，木质，楷书。

云垂西极 /

光绪十六年（1890）年六月□（七）……（日）/

陕西巡抚部院营务处统领、抚标马步各营、署抚标中军参将、捍勇巴图鲁吴云伍薰沐敬叩 /

勾稽史料，可知吴云伍部分经历：

吴云伍，固原人，光绪中任陕西汉中镇总兵。子吴本均[1]。另，光绪元年（1875）七月初二日时任尽先都司、潼关协营分防神道岭汛千总[2]。

相关档案中又有详细记录：光绪十六年（1890）正月二十五日陶模与陕甘总督杨昌濬、陕西固原提督雷正绾奏请以吴云伍升补抚标游击一折。其中又叙述有吴云伍经历：历额外外委、经制外委、千总、守备各实缺推升安西协中军都司、现署抚标中军参将，保有花翎游击，俟补缺后以参将补用，得有捍勇巴图鲁名号。希望推升安西营都司、以之升补抚标右营游击[3]。

此档案所记时间比匾额题写时间略早，职务亦已改为抚标各营。

图 3-1-9 云垂西极

1 张贤总纂，固原县志编纂委员会编《固原县志》"人物志·第二章 人物表·第一节 历史人物"，银川：宁夏人民出版社，1993 年版，第 1075 页。按，《清实录光绪朝实录》载光绪二十七年（1901）十月调陕西汉中记名总兵吴云伍为陕西汉中镇总兵官（卷四百八十八）。

2 清·左宗棠撰，刘泱泱校点《左宗棠全集·奏稿六》"光绪元年（1875）·1951. 请以王凤林等补授陕西三要司等营守备折（七月初二日）"，长沙：岳麓书社，2014 年版，第 279 页。

3 参阅台北故宫博物院院藏《军机及宫中档》，文献编号：408002684。又，中国第一历史档案馆藏《录副奏折》，档号：03-5867-067。转引自杜宏春编著《陶模行述长编》（上）"第二编 牧令司道时期（同治七年至光绪十六年）"，合肥：黄山书社，2019 年版，第 43-44 页。

# （一○）西域洞天

悬挂于大佛洞建筑木楼一层门楣背面。长 2.2 米，宽 1.4 米，木质，楷书。

西域洞天 /

宣统纪元长夏 /

蜀西张鹏翼撰并书 /


钤印有二，今已难辨。

清代有张鹏翼数人，但皆非宣统时人。此张鹏翼，待考。

图 3-1-10 西域洞天

# 民国

民国时期匾额数量不多，只有四方。

## （一）大法慈悲

悬挂于大佛洞建筑木楼二层内北壁。长 1 米，宽 0.57 米，四角回纹图案，木质，楷书。

大法慈悲 /

民国五年（1916）五月吉日谷旦 /

山西万泉县皇甫村弟子吴令彰敬叩 / 献 /

吴令彰，其人不详，待考。

图 3-2-1 大法慈航

## （二）天下第一

悬挂于大佛洞建筑木楼二层内西壁。长 1.15 米，高 0.5 米，木质，楷书。

天下第一 /

民国七年（1918）六月吉日 /

长安弟子吕明谦敬叩 / 献 /

　　吕鸣谦，其人不详，待考。

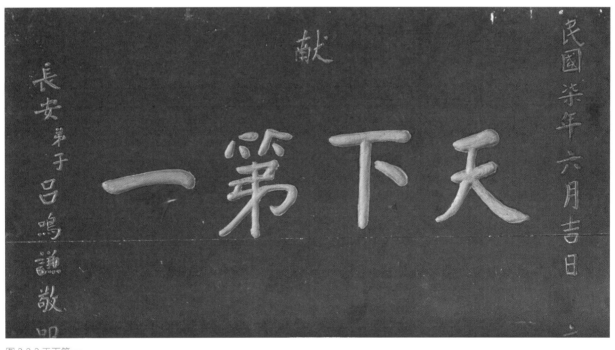

图 3-2-2 天下第一

## （三）永护金身

位于大佛寺大佛洞主体建筑木楼二层内东壁。

永护金身 /

癸亥秋九月 /

陕西巡防第 / 三路帮统 / 杨德盛谨制 /

《清史稿》载："宣统元年，各省改防营为巡防队。"[1] 又载："巡防队分路统领官，事简缓置。帮统官，书记官，会计官，执事官，各一人。……光绪三十三年，以防练旧营杂项队伍章制不一，仿新军成法，置统领以次各职。"[2] 宣统之后的癸亥年为民国十二年（1923）。故该匾额的题写时间为民国十二年（1923）九月。

杨德盛其人不详，待考。

图 3-2-3 永护金身

1 清·赵尔巽等撰《清史稿》卷一三九"志一百八·兵志四·乡兵"，叶八；《续修四库全书》（第 296 册），上海：上海古籍出版社，2002 年版，第 563 页（下）。
2 清·赵尔巽等撰《清史稿》卷一一九"志九十四·职官六·新官制·巡防队"，叶十八；《续修四库全书》（第 296 册），上海：上海古籍出版社，2002 年版，第 419 页（下）。

## （四）古刹重光

现镶嵌于明镜台二层西韦陀洞和送子娘娘洞之间的砖墙。长 0.9 米，高 0.56 米，石质，行书。

古刹重光 /

前后款皆被破坏。

据孙彬荣先生言，此为国民政府邠县最后一人县长兰卓才题字[1]。

图 3-2-4 古刹重光

1　孙彬荣编著《邠州石室全录：彬县大佛寺石窟匾额、题记、石碣、石碑考释》"匾额·古刹重光"，西安：三秦出版社，2017 年版，第 4 页。

卷四

# 其他

除石刻题记外，另有其他形式的文字保存，一是墨书题记，一是钟铭。这些文字仍是构成彬州大佛寺石窟历史的重要部分。

# 墨迹题记

彬州大佛寺石窟墨书题记不多，仅有三处，其中两处在大佛洞内。

# （一）至顺四年（1333）题记

位于大佛洞大佛头光正上化佛龛内。

至顺四年（1333）六月廿六日泾河水涨至□（寺）里，水……/

　　可约略推断在元代对大佛背光有过一次维修。美国学者波契特已经提到了这点，他观察到个别团莲有泥补塑的痕迹[1]。但大部分仍然是原来的石质，只是涂上了红、绿颜色，这些颜色经过了近七百年也逐渐褪去，因此，背光除了极个别的，都可视作开凿时的原貌以展开研究。

图 4-1-1 至顺四年题记

1 〔美〕波契特《论大佛寺大佛光背》，收录于李忠堂主编《彬县大佛寺石窟研究与保护》，西安：三秦出版社，2010 年版，第 40-78 页。

## （二）宣统元年（1909）题记

位于大佛洞主尊左耳背后[1]。

大佛寺□□□ / 宣统元年（1909）三月廿□日 / 古函□四拾□□

推测大佛的最后一次维修即此时。目前看到大佛螺髻为群青色，是清代维修所用典型颜色。此题记当是维修时，工匠墨书题写。

---

1 参阅常青《彬县大佛寺造像艺术》"第七章 石佛礼赞"，北京：现代出版社，1998 年版，第 294 页。

# （三）张丈□题记

位于大佛洞前壁小千佛龛内[1]。

武水张丈□ /

武水，今山东聊城。张丈□不详，年代亦不详，待考。

1 参阅常青《彬县大佛寺造像艺术》"第七章 石佛礼赞"，北京：现代出版社，1998 年版，第 294 页。

## （四）"化佛"墨迹

位于罗汉洞西室西壁南侧上部。

······/······/ 化佛······/······题/

待考。

图 4-1-4 "化佛"墨迹

# （五）口号墨迹题记

位于大佛寺石窟西区石壁上。隶书。

我们司机要有前方将士□（浴）□（血）□（苦）战□（的）精神 /
交通部西北公路运输管理局制 /

或是 20 世纪 70 年代所题写。

图 4-1-5 口号墨迹题记

# 二

# 钟铭

# （一）刘永诚钟铭

今位于洞内。复制品悬挂于明镜台上东侧钟楼。文字分成两格。

奉 / 佛信官镇守甘肃 / 太监刘永诚谨 / 发善心，铸造洪 / 钟壹口，重壹千 / 斤，于陕西邠州 / 大佛寺悬挂。
/ 上祈：/
皇图永固，/ 帝道遐昌；/ 佛日增辉，/ 法轮常转。/
大明景（泰）元年（1450）三月 / 十四日，/
镇守太监刘永诚 / 铸造。/

"景"与"元"中间所缺字当为"泰"字，明朝年号中以"景"字开头者只有景泰。景泰为明朝第七位皇帝代宗朱祁钰的年号。

刘永诚，西北所称"刘马太监"，《明史》有传：与曹吉祥分道征兀良哈。永乐时尝为偏将，累从北征。宣德、正统中，再击兀良哈。后监镇甘、凉，战沙漠，有功。景泰末，掌团营。成化中卒[1]。

图 4-2-1 明代刘永诚钟（刻字为复制品拍摄）

---

1 清·张廷玉等撰《明史》（第 26 册）卷三百四"列传第一百九十二·宦官一"，北京：中华书局，1974 年版，第 7776-7777 页。

# 后 记

　　《〈邠州石室录〉校注》《〈邠州石室录〉补遗》《彬州大佛寺石窟题刻研究》《彬州大佛寺石窟造像研究》是我最近数年来完成的有关陕西彬州大佛寺石窟课题的系列研究成果。其中，本次由文物出版社出版的《〈邠州石室录〉校注》《〈邠州石室录〉补遗》是有关彬州大佛寺石窟题刻整理及必要研究的基础性成果。

　　对彬州大佛寺石窟的研究缘起于导师李淞先生对我博士学位论文选题的指导。清楚地记得是 2015 年 12 月 1 日，与导师李淞先生及两位师兄西安美术学院白文教授、陕西师范大学高明教授一起前往彬州（时名彬县）考察水陆画，结束后还有些许时间便顺路考察彬州大佛寺石窟；返回的路上先生说该石窟可以做博士论文。后又经历了许多其他的事情和反复选题的纠结，最终决定以该石窟作为博士学位论文的选题。

　　确定选题后，并没有立即展开该石窟的研究，而是首先对现存重要石窟造像的相关研究进行系统地补课。以对云冈石窟、龙门石窟的研习为主，兼及其他石窟、造像、壁画等的研习。大量地读书、做笔记、绘图、考察，并通过默绘、强记的方式快速地形成了对石窟、造像的个人的知识体系。大约经过了四个月的不间断地研习，自我感觉对石窟造像已经有了一定的认识。

　　从 2016 年的"五一"假期开始专门地收集、整理该石窟的资料，并作消化、吸收，以为开题报告的撰写做准备。这些基础资料的整理包括五个部分：彬州大佛寺石窟造像一览表（包括数量、尺寸、外在描述等）、彬州大佛寺石窟题刻一览表、彬州大佛寺石窟相关古籍文献整理、彬州大佛寺石窟造像题刻分布图、《邠州石室录》整理。以此为基础，大致形成了对该石窟的全面了解，包括基础材料、研究现状等，也发现了该石窟还有大量的研究空间；逐渐确定了以造像为主的研究，并顺利完成博士学位论文的撰写、答辩。

　　在 2018 年博士毕业并留校任教后，仍觉得自己的博士学位论文还存在很多不足。尤其是题刻方面，当时的整理和研究是出于服务造像研究的目的，主要使用的也只是唐代造像有关的造像记。对该石窟的研究，内心里觉得是"欠债"的。于是以该石窟的题刻研究为选题申报了 2020 年度的陕西省社会科学基金项目并获立项。同样，"彬州大佛寺石窟题刻研究"的选题是以题刻材料的整理和必要考释为基础的；首先需要核对题刻、拓片，识读题刻的文字并考释题刻文字的具体信息；以此为基础展开的研究才是可靠的研究。

　　清代金石学家叶昌炽所撰写的《邠州石室录》收录了该石窟唐、宋、金、元四朝的 103 通题刻，并有保存状况的描述、勾摹刻版，以及对作者、年代、职官、历史地理、艺术风格的考证。彼时服务于博士学位论文的《邠州石室录》整理是颇嫌不足的。于是对照题刻、拓片、该书的勾摹刻版，重新识读题刻文字；查询、考释题刻中的字词、句子；对叶昌炽的题跋考证重新标点，在此过程中核覆并标注了该书引用的所有原始文献，以确保句读的准确。并对叶昌炽的考证作了进一步的纠补和完善。由于有了博士论文期间整理本的底子，加之定点检索的便利，《〈邠州石室录〉校注》在 2021 年元旦前完成了简体字本。其后，为方便在不同出版社出版，又先后调整、完成了繁体竖排专名线本和繁体横排本。此次出版所选用的是繁体横排本，并以简体字本和繁体竖排专名线本为基础，为的是尽可能地保留古籍文献原有的特质。

叶昌炽《邠州石室录》是以拓片为基础的整理，收录多有遗落；加之叶昌炽听从了缪荃孙的建议，并未收录明代及其之后的题刻，题刻的收录并不全面。在《〈邠州石室录〉校注》完成后，我就有了《〈邠州石室录〉补遗》的想法。由于教学任务繁重、爱人生病住院一月有余，以及较多杂务需要处理，《〈邠州石室录〉补遗》的开展比较缓慢，在 2021 年 10 月份前仅完成了唐、宋、金、元时期约略三十通题刻的整理和考释，而体量最为庞大的明、清、新中国成立前、不明纪年的题刻超过 200 余通尚未整理。11 月份开始，各地新冠疫情反扑，高校如临大敌；线上、线下上课混合，并无定数。很快学校便不允许校外教师进入；紧接着便是突然通知的、长达一个月的西安的全城封控；小区不准出入，除了做核酸检测外甚至都不允许下楼。前后超过两个月的时间，除了在家上网课之外，就是全身心地研究、写作。《〈邠州石室录〉补遗》竟然非常快速地完成了，除了个别题刻需要再考察原石、进一步增补外，初稿基本成型。

由于《〈邠州石室录〉校注》与《〈邠州石室录〉补遗》的完成，以及前期博士学位论文对彬州大佛寺石窟造像的研究，以对材料较为熟悉把握为基础的《彬州大佛寺石窟题刻》的研究也相对比较顺利。从 2022 年元旦至 5 月中旬，我没有教学任务，全力以赴地研究，成果产出自然是比较快速的，最终于 2022 年"五一"假期略后完成了《彬州大佛寺石窟题刻》一书的初稿。

2022 年 10 月中下旬，西安美术学院学科建设项目临时追加项目与经费，鼓励有现成成果的教师申报。我以《〈邠州石室录〉校注》《〈邠州石室录〉补遗》二书作为同一个学科建设项目申报，并于 11 月 2 日顺利获批立项并提供经费资助出版。于是，抓紧时间重新校对原稿，并又两次去彬州大佛寺石窟考察题刻、拍摄图版，除了查缺补漏外，还作了图版等方面的进一步完善。感谢陕西海丰印刷有限公司的鼎力支持、西安美术学院纪委李翔宇书记与白鹏副书记的直接帮助、西安美术学院其他各级各部门领导及同事的关心和支持，在 11 月 30 日顺利完成了二书的合同签订、报账等诸多流程，并迅速进入设计、排版、审校等环节。其后，能够完成这两本著作的校审与出版事宜，陕西海丰印刷有限公司的敬业、负责、高效是令人感动的。

需要特别感谢的是，导师李淞先生的关心、鼓励与褒扬，以及适时的提醒与建议，让我既颇为兴奋地、有成就感地从事自己的学术工作，又让我静下心来、一丝不苟地展开研究，期待拿出的是精品成果。《〈邠州石室录〉校注》《〈邠州石室录〉补遗》这两本书算是对自己的学术事业以及长达八年关注的彬州大佛寺石窟课题的一个相对满意的交代，更是对恩师李淞先生知遇之恩、谆谆教诲的些微回报。

感谢彬州大佛寺石窟博物馆前馆长孙彬荣先生提供了馆藏的已有的拓片图版，并慨允我拍摄题刻原石、使用所有图版，为该课题的研究和这两本书的完成提供了必备的资料基础。感谢西安建筑科技大学的张永刚博士、中华书局的刘明老师及白爱虎老师、浙江大学出版社的王荣鑫老师热心帮忙联系并提供帮助。此外，还有很多同门、同事都提供了支持与帮助，恕不一一具名。

硕士研究生时期的导师冯旭先生，对我的学术研究一如既往地支持与鼓励，是我人生前进道路上的良师益友。身在一千公里之外、已是古稀之年的父母，对我远离他们身边的工作给予了理解、包容和支持，姐姐、姐夫及其他亲人对父母的照看为我的安心研究免去了后顾之忧，爱人为我的专心研究提供了最直接的关心和照顾。

对融入自己生命历程中的亲朋师贤的帮助，实难以文字表达感谢于万一。"后记"这些零零散散的回忆与致谢，又算是我自 2014 年来到西安求学与工作这 9 年时光的部分回顾。期待专家学者的批评、指正，以让我在往后的学习与研究中继续提升。

陈磊于西安美术学院

2023 年 10 月 8 日